Eupsychian
Management

# 马斯洛
# 论管理

（精华版）

［美］亚伯拉罕·马斯洛·著
（Abraham Maslow）

朱智文·译

中国科学技术出版社
·北 京·

**图书在版编目（CIP）数据**

马斯洛论管理：精华版 /（美）亚伯拉罕·马斯洛
（Abraham Maslow）著；朱智文译 . — 北京：中国科学
技术出版社，2023.1
　书名原文：Eupsychian Management
　ISBN 978-7-5046-9606-9

　Ⅰ . ①马… Ⅱ . ①亚… ②朱… Ⅲ . ①管理学 Ⅳ .
① C93

中国版本图书馆 CIP 数据核字（2022）第 088253 号

| | | | |
|---|---|---|---|
| **策划编辑** | 申永刚 | **责任编辑** | 申永刚 |
| **封面设计** | 仙境设计 | **版式设计** | 蚂蚁设计 |
| **责任校对** | 焦 宁 | **责任印制** | 李晓霖 |

| | |
|---|---|
| **出　　版** | 中国科学技术出版社 |
| **发　　行** | 中国科学技术出版社有限公司发行部 |
| **地　　址** | 北京市海淀区中关村南大街 16 号 |
| **邮　　编** | 100081 |
| **发行电话** | 010-62173865 |
| **传　　真** | 010-62173081 |
| **网　　址** | http://www.cspbooks.com.cn |

| | |
|---|---|
| **开　　本** | 880mm×1230mm　1/32 |
| **字　　数** | 218 千字 |
| **印　　张** | 11.25 |
| **版　　次** | 2023 年 1 月第 1 版 |
| **印　　次** | 2023 年 1 月第 1 次印刷 |
| **印　　刷** | 北京盛通印刷股份有限公司 |
| **书　　号** | ISBN 978-7-5046-9606-9/C·216 |
| **定　　价** | 79.00 元 |

在浩如烟海的管理学著作中，有不少经典之作以其远见卓识一直备受瞩目。无论时代如何变迁，管理实践如何进化，这些管理思想仍有极强的借鉴意义，是当下众多管理思潮的源头活水。

被称为"科学管理之父"的弗雷德里克·泰勒（Frederick Taylor）所提出的"科学管理"体系，让管理科学迈上了新的台阶，彼得·德鲁克（Peter Drucker）曾提到，这种科学的理论让体力劳动者的效率提升了百倍。同时代的亨利·法约尔（Henri Fayol）也是杰出的经营管理思想家，与注重实操的泰勒有所不同，他在企业管理理论层面贡献卓著，提出了"一般管理理论"，被亨利·明茨伯格（Henry Mintzberg）、哈罗德·孔茨（Harold Koontz）等主流管理学家认可，其理论被不断完善。人本主义心理学的代表人物亚伯拉罕·马斯洛，其"优心管理"（亦可称为"开明管理"）思想也以其著名的马斯洛需求层次理论为基石，其中的人性管理思想在首次成册后半个多世纪的今天仍具有前瞻性……

这些作品因初次编写的时间较为久远，可能也有部分论述略显过时。毕竟，中国的管理者们一直走在变革的前沿，直面不断进步的社会现实和错综复杂的竞争环境。但如是经典著作中的基础理论，是众多管理学大师的智慧结晶，也是管理科学与哲学、心理学、数学等基础学科的实践和理论相交融的结果，其中的思想扎实、清晰、富于真理的光芒，不因时代和流行的变迁折损丝毫价值，故而予以保留。

望读者在阅读中有所收获。

管理学书籍琳琅满目，风格流派各不相同，但不少经典著作从诞生之日起，便有了划时代的意义。在接下来的一个世纪里，这些巨作一直被不停地重印、再版，给人以思想启迪，无数的管理者将其奉为"管理圣经"。如今，我有幸与管理学大师们相遇，也有幸与你相遇。

每当完成一本译稿，我都会如释重负，这一次也不例外。

为了适应现代社会化大生产的需要，管理学应运而生，目的是在现有的条件下，合理组织和配置人、财、物等，提高生产力水平。但在这些经典著作中，与其说作者在教你如何管理，倒不如说是在教你应该如何深入了解人性，即如何把人这一生产要素，作为可以推动企业乃至社会进步的资源，充分发挥每个人的智慧，尽力挖掘每个人的潜能，而不是只把人当作一个"经济人"，或者某个项目的成本。这也是这套些经典著作所吸引我的理论视角。

对员工和各级人员的管理是企业成功的"关键"。对管理人员来说，应该更多关注其职能作用，而是行使该职能的人的地位。这可能也是许多人对这些著作感兴趣的原因之一。书中传达的卓越思想理念大都来源于作者对实践的总结和思考。

企业就是一个系统，像人的身体一样拥有功能不同却各司其职的器官，而管理者便是企业的大脑。管理是一种职能，可以像大脑一样发号施令的职能，目的就是让各个器官协调运作，提高整体的工作效率。管理者和员工的工作和职责应该是均衡的。管理者应该承担起那些职责范围内的工作，在这些工作上，管理者比工人更能胜任，而不是像过去一样，把所有工作和大部分的职责都推给工人。

作者在书中对一些名词给出了自己的解释，并对经典案例进行了分析，这些案例大部分都是作者在管理生涯中所经历的，或是自己做过相关的实验，比如，什么是"磨洋工"，"财富最大化"具体指什么。我们一般会认为，"财富最大化"就是指公司要获得高额的利润，每个部门也要获得一定的利润，但实际上，企业内部每一个部门的发展都达到最佳状态也算是一种"财富"，并且，唯有如此，企业才能长久地获得财富。同样，"财富最大化"并不是说要让员工拿到更多的薪水，而是说每个人都能达到效率最大化的状态。

"如果没有选择合适的控制方法，那么大多数控制行为都会以失败而告终。"

我在前面提过，人性是这套书的核心。我很喜欢这些经典著作中的一个论点："控制"的本质并不是让人来配合管理的需求，而是要对人性选择性适应，这样才能行之有效地提高控制水平。但是，很多人都不切实际地希望管理可以像一个被设定好的程序那样，只要管理者将操作流程烂熟于心，按下按钮，员工就可以像机器一样日复一日地重复着相同的动作，按照管理者的计划，批量产出成果。我渐渐意识到，管理者忽略了人性的自然规律，他们试图根据自己的主观意愿改变他人，却忘记了人具有成长的潜质，导致"控制"他人的行为不能像完成流水工程任务那样卓有成效。

虽然这些作品中有不少事例以及实验过程，叙述方式也简单生动，但是里面的内容是相当严谨的，多以科学研究文献和观察实验为基础。正是由于这样的特性，我清晰地看到了这些管理学大师对管理学本质的独特见解，同时，我对"人"也有了更直观的认识。我很享受这样的学习过程。

总的来说，虽然这些书的年代有些久远，随着人们素质和社会的发展，书中部分理论可能不会得到所有人的认同，但它们对管理学和企业的发展有着不可估量的价值。比如，它们帮助管理者从把员工作为只是产生经济价值的"工具人"，到意识到所有人都需要社会满足感、尊重、社会价值等。无论如何，这些著作是管理史上的里程碑，这些管理学大师的思想具有深远意义，随着时代的发展，这些意义逐渐彰显出来，希望读者也能和我一样从中获得启迪。

## 译者简介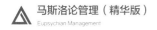

教育管理博士、组织发展与教育培训专家，善于将商学理论与企业实践相结合，通过"行动咨询"的方式，帮助企业解决经营管理与人才发展难题。以色列 SIT 创新导师，曾担任复泰实战商学院副院长、复旦大学管理学院高级管理人员发展中心总监、图易经理人顾问公司董事和总经理、上海人才服务行业协会培训专业组长等职务。

朱智文

马斯洛教授的这本书绕过了传统的学术术语和科普写作中无处不在的枯燥，避免了类似于"地狱地图"或居高临下的教育式谈话那样的所谓通俗科学写作的陷阱。这本书由这位富有想象力和经验的学者撰写，为进行真实实验提供了一个出口，一个检验假设的机会，即使是看似不合理的假设。看看这些普通的学术进展，人们通常会得到这样的印象，即行为科学家的脑海中从未有漂泊不定的想法或无法检验的假设。在本书中，我们给一位行为科学家提供了一个画板，他则用其来完成可能是最具创造性的工作。

马斯洛教授的书可能有一个念不出来的书名，但我希望这不会吓跑读者。从打开第 1 页开始，任何人就不该被这本书吓跑了。这本书就像一个虚张声势的老实人一样处理了马斯洛的所有研究材料，那是一种强大的纯真，既具有威胁性又验证了一些广泛持有的信念。他靠近这个对他来说是新领域的学术范畴，即组织心理学，没有熟练的资历，并在此过程中致力于真正的见解和新的学习领域。

沃伦·G. 本尼斯

马萨诸塞州剑桥

1965 年 9 月 6 日

致谢

我首先要感谢安德鲁·凯先生，感谢他让我的暑假学习成为可能，以及他对这种全新管理方式的美妙而重要的实践。我与许多专家就这一特定的管理机会和普通的管理理论进行了多次讨论。大部分时间，我都在和詹姆斯·V.卡拉克（James V. Clark）博士、弗朗西斯·托伯特（Frances Torbert）、理查德·法森（Richard Farson）、罗伯特·坦楠鲍姆（Robert Tannenbaum）还有伯特伦·格罗斯（Bertram Gross）一起度过，还有许多其他人，不胜枚举，我也要感谢他们。非线性系统公司中有数十人都无偿帮助我——事实上，我接触过的每一个人都为我提供了帮助。我想在这里对所有这些合作表示感谢。

我要特别感谢海伦·史密斯（Helen Smith）和波莉·梅迪科（Polly Medico）作为秘书提供的有效协助，以及慷慨而愉快地给予。

最后，我要感谢欧文－多尔西公司（Irwin-Dorsey）的 H.H. 宾汉姆（Bingham）先生的帮助，他让这篇手稿更具可读性，以及本系列的编辑沃伦·本尼斯（Warren Bennis）博士，他帮助我将对出版如此缺乏学术性的手稿的任何学术上的疑虑抛在了一边。

亚伯拉罕·H. 马斯洛

1965 年 9 月

马萨诸塞州沃尔瑟姆

我没有刻意地去纠正或弥补什么，也没有掩饰自己的偏见，或者妄想让自己表现得比 1962 年夏天时更聪明或更有见识。

这些日记是我在 1962 年夏天写下的，当时我是应加利福尼亚州德尔马非线性系统公司（Non-Linear Systems，NLS）总裁安德鲁·凯（Andrew Kay）邀请的一位访问学者。

本来我去那里并没有什么具体的任务或目的，但由于各种原因，我对那里发生的事情非常感兴趣，其原因在日记中有清晰的记载。

然而，这绝非对某一家公司进行的研究。只是这家公司的运作对我来说是一种完全陌生的理论和研究体系，这促使我开始思考和进行理论化的探索研究。

我以前从未接触过工业或管理心理学，因此，当我首次读了德鲁克和麦格雷戈尔撰写的、在非线性公司被称为"教科书"的那些著作时，普通心理学理论的广泛适用性极大程度地冲击了我。我开始理解安德鲁·凯所做的努力，在这个迷人的社会心理学新领域贪婪地享受着新知识。

这些年来，我一直都习惯在日记中与自己交流，在纸上思考问题，有时思考的内容是自由联想和即兴创作的，有时也会整理以前的笔记和大纲。

然而，这本日记没有像往常一样手写，而是用录音机口述的方式记录下来，因为我有幸得到了几位优秀的秘书，他们几乎可以立即将我口述的内容用打字机打出来。这种情况对于一位教授来说是非常罕见的，而且，这在一定程度上说明了日记中为什么会出现这么多打字稿。

这些日记被装订在一本油印本里，除了修改了一些字词和语法错误，没有进行其他任何编辑、增减或修改。这些内容在本书中经过了进一步的整理，但也就是把一些零散的日记内容归纳在了一起，删除一些不恰当的词语，澄清一些可能令人困惑的句子，补充了参考资料，使其有些地方看起来不至于像是私人密谈，等等。我没有刻意地去纠正或弥补什么，也没有掩饰自己的偏见，或者妄想让自己表现得比 1962 年夏天时更聪明或更有见识，也没有进行多少增减。毕竟，那样做的目的与出版这本日记的意图完全相悖。

首先，我们应当将这些日记理解为，当一个理论心理学家头一次接触某一新领域的知识，并意识到这个知识体系对他的不同理论研究意义重大（反之亦然）时的第一印象和第一原始反应。我也从其他相似的经验中体会到：新手往往能看到专家所忽略的东西，你所需要做的就是不要害怕犯错，更不要害怕这样会显得幼稚。

我在书后附上了完整的参考资料，包括重印本、翻译作品等，这样做既为本人方便，也为读者方便。我想把它印在某个地方，这样我就可以在需要的时候引用它。文中括号中的数字指其在目录索引中的相应编号。

　　本书中追求的这类乌托邦式的规范性思想如今并不常见了，即使它出现了，也会被许多人拒绝，因为它不属于被认可接受的知识领域，更不用说科学领域了。科学，即便是社会科学和人文科学，都应该是不受价值观约束的，尽管我也明白，这是不可能的 [95]。但无论怎样，这本日记是对我一直在努力研究的规范或理想的社会心理学的囊括。我杜撰了"优心"（Eupsychia）[81] 这个词，并将其定义为一种文化——由 1000 名达到了自我实现的人，在某个能遮风挡雨又与世隔绝的小岛上创造出来的，在那里他们不会受到干扰 [57][79][81]。

　　与经典的乌托邦和其他虚无缥缈的幻想相比，我讨论的问题相当现实。例如，人性能容忍怎样的社会？社会又能容忍怎样的人性？社会的性质让它最终能呈现一个好到什么程度的社会？既然我们对人性所能达到的高度已经有了了解，那么我们现在就可以推断出人际关系和社会组织形式所能达到的最高境界。原则上，更高境界的人性使这种社会组织形式成为可能。如果我们愿意，我们就可以简单地称之为"计划"，或者更挑剔一些，称之为"未来的历史"，或者使用新生词"塑造文化"。但我更喜欢"优心"这个词，因为它只涉及可能性或可改进性，而不是对确定性、预见性、必然性、必要的过程、完美性或对未来预测的高谈阔论。我十分清楚人类有被灭绝的可能，但也有可能不会。因此，思考未来，甚至努力实现理想中的未来仍不失为一个明智之举。在快速实现自动化的时代，这甚至是一项必要的任务。

但"优心"这个词还有其他的含义。它可以被理解为"朝着心理健康的方向发展"或"健康的方向"；还可以被理解为为了促进这种进步而采取的实际行动，无论是以心理治疗师还是教师的身份采取的；也可以说，是一种可以使健康状态变得更好的精神或社会条件，甚至可以被视为一种理想境界，即治疗、教育或工作的远大目标。

自这本日记于 1962 年首次撰写以来，非线性系统公司不得不面对市场对其产品需求的萎缩，以及在这一萎缩市场内竞争的加剧。因为这本日记不只是阐述了这一家公司的经营状态，所以我没有必要更改日记中任何关于其原理阐述的想法。但值得在此重申的是日记中反复强调的一点，即这些原理主要适用于条件良好的环境，而不是恶劣的环境。在人的各种动机行为中，成长性动机和防御性动机（心理平衡、安全需要、减少痛苦和失落等）存在着一种抗衡关系。在我个人的预期中，心理健康的个体是灵活且现实的。也就是说，能够根据情况的需要从成长性动机转向防御性动机。对此，一个有趣的理论推断是：一个健康的组织也能灵活地从适应有利环境的工作状态转向适应恶劣环境的工作状态，这种转变的能力是十分必要的。而且在我看来，这种情况实际上已经发生过，而且正是在前文所说的非线性系统公司中迸发了。当然，这一结论还有待通过研究来证明。

# 目录 ✔

# 第一章

# 自我实现的人对责任、工作、使命的态度

在最佳的工作环境下，理想的工作态度是什么样的？我们可以向自我实现的人学习。这些高素养的个体，将他们的工作同化为自我，也就是说，工作实际上成了他们自我认可的一部分。工作可以起到一定的心理治疗和其他心理学方面的作用（使人们朝着自我实现的方向发展）。在某种程度上，这当然是一种良性循环关系，或者说，在一个较为不错的组织中，如果一开始就有高素养的人在较好的环境下工作，那么工作往往会让人进步。而人的进步又有助于行业的改善，反过来行业又会促进人员的发展，就这样一直良性循环。以一种最简单的表述方式来说明就是：适当地管理人们的工作和生活，管理人们的谋生方式，能够让他们甚至整个世界变得更加完美。从这个意义上来说，适当的管理是一种乌托邦式理想或革新技术。

我很久以前就放弃了通过个人心理治疗改善世界或某个人的可能性，因为我认为这是行不通的。确切地说，这种方法在数量上是不可能实现的，是无法量化的（特别是考虑到很多人都不适合进行单独的心理治疗）。然后，为了实现我的乌托邦式的目标，我把目光转向了教育，把其作为一种能够触及全人类的途径。然后，我认为个体心理治疗的经验的基础是研究数据，这些数据最重要的作用是应用于教育机构的美好改善中，进而提高人们的整体素养。直到最近，我才恍然大悟，个人的工作、生活和教育一样重要，甚至更重要，因为每个人都要工作。如果心理学、个体心理治疗、社会心理学等课程可以被应用于人类的经济生活中，那么我希望这方面的研究能出现一条明路，从而真正对全人类产生有意义的影响。

很明显，这完全是有可能的。我与管理学文献和开明管理政策的第一次接触表明，管理已经在其最先进的形式中展现出了开明、协同的发展趋势。许多人似乎已经发现，仅仅从改善生产、改善质量控制、改善劳资关系、改善创造性人员的管理等方面来看，第三势力心理学（Third Force Psychology）是一种有效的理论。

例如，彼得·德鲁克（Peter Drucker）凭借直觉对人类本性得出的结论与第三势力心理学家的结论非常接近[86]。他仅仅通过观察工业和管理领域中的现象就得出了结论，而且，他显然对科学心理学、临床心理学或专业社会心理学一无所知（事实上，德鲁克对人性的理解与卡尔·罗杰斯或弗罗姆等对这方面的理解非常相似，这也是工业领域可以成为新的心理动力学、人类高级阶段发展及理想社会生态学的研究实验基地这一观点的有力之证）。这个结论与我自己之前的错误观点大不相同，我不自觉地把工业心理学看成是科学心理学的直接应用。但事实并非如此，工业心理学是知识的源泉，它不仅取代了心理学实验室，而且往往比实验室有用得多。

当然，两者之间也存在不一致的方面，或者说，至少有些方面是比德鲁克意识到的更正确。科学心理学中有丰富的研究数据，可以供工业心理学家和管理理论家参考使用，并将其应用于经济领域。我猜测德鲁克和他的同仁们只是匆匆看了一眼所谓的科学心理学的内容，就立刻放弃了。显然，老鼠、鸽子、条件反射和无意义的各种无稽之谈，在任何复杂的人类环境中都是毫无实际意义的，但在摒弃这些毫无意义的心理学糟粕时，也扔掉了不少精华。

就我个人而言，我一直努力研究的，始终与伦理道德相关，并且我试图将科学与人性及道德伦理目标相结合，努力改善个人和整个社会。对我来说，工业心理学开辟了一个全新的领域，这意味着我拥有了新的数据来源，而且是非常丰富的数据。对我来说，它也代表了一整套基于纯粹临床数据的假设和理论的验证。此外，它还代表了一种新型的实验室，若在其中进行持续的研究，我就可以满怀信心地期望能在这里了解到更多关于古典心理学的标准问题，如学习、动机、情感、思考、行为等。

迪克·法森曾经问我："为什么你对这些东西如此兴奋？你想要寻找到什么？你希望从中得到些什么？你希望为其补充什么？"其实，我无非为了寻找到一条可以开辟思想的新道路。

与个体心理治疗相比，工业心理治疗作为一种个人成长的途径具有这样一个优势，那就是它不仅提供了研究自我满足所需要的数据，而且也提供了研究共同满足所需的数据。心理治疗往往过于专注于个人、自我意识、自我认可等方面的发展。我曾经思考过创造性教育，现在也在思考创造性管理等途径，这不仅是为了个人，而且是为了让个体通过社区、团队、团体和组织来发展自己——这也是一条正当的个人发展道路，和自主方式一样。当然，这对于那些无法接受象征性心理疗法、精神分析疗法、洞察疗法等的人来说尤为重要，尤其适用于那些意志薄弱和精神衰弱的人，他们现在大多已经超出了弗洛伊德式治疗的范围。好的社区、好的组织、好的团队可以帮助那些常常让治疗师束手无策的人。

# 第二章
## 工作、责任、使命——关于自我实现的补充说明

最近，我和许多"想和我一起工作"的学生和教授在自我实现方面进行了交谈，我发现我对他们之中大多数人的学识水平持怀疑态度，并且感到沮丧，甚至对他们不报有什么期望。对于辨识这方面我颇有经验，因为我一直在接触这种对知识一知半解的人——喜欢夸夸其谈的人，喜欢制订宏伟计划的人，对事情表示出极度热情的人。但是，只要他们碰到需要付出一点努力的工作，便会一事无成。所以我一直在用一种相当直接、强硬和不鼓励的方式和这些人交谈。例如，我曾谈到那些对事情一知半解的人（与工人和实干家相比），并表示了我对他们的蔑视。我提到过，我经常用一些事情来测试他们——给他们一份相当枯燥但重要且有价值的工作去做。结果，20 个人中有 19 个人测试不合格。我不仅会测试他们，还会把这些不合格的人淘汰掉。我曾经劝他们，要他们加入"责任公民联盟"，与那些喜欢揩油水、溜须叫好、只会说空话，还有永远对学习持消极态度、永远一无所获的人保持距离。无论如何，对于任何一个人来说，考验，就是你要看他是不是一棵"苹果树"：他有苹果吗？他结果子吗？这就是区分多产之人与无能之人、空谈家与实干家、改变世界的人与平庸之人的方法。

另一点是关于个人救赎的话题。例如，在圣罗莎（Santa Rosa）的存在主义会议上，有很多这样的谈话，我记得我有一次控制不住恼怒而爆发了，并且很不友善地指责了这些个人救赎寻求者，理由是他们很自私，对他人和世界毫无贡献。此外，从心理学的角度上来看，他们是愚蠢的，因为无论如何，想通过寻求个人救赎而获救的做法都不可能行得通。唯一正确的道路是我在公开演讲中所谈到的，也是日本电影《生之欲》（*Ikiru*）中提到的，即通过努力工作和完全致力于做好你本职的工作，或任何被"要求"做的重要工作来获得拯救。

我列举了各种"英雄"，这些人不仅获得了个人的救赎，还获得了所有认识他们的人的完全尊重和爱戴。他们都是优秀的工人和有责任心的人，此外，他们都在自己所处的环境中幸福地生活着。那么，这种通过对重要工作和有价值的工作的承诺来实现自我实现的事业，也可以说是通往人类幸福的道路（与直接攻击或直接寻求幸福形成对比——幸福是一种附带现象，一种副产品，不是直接寻求的东西，而是对美德的一种间接奖励）。另一种寻求个人救赎的方式，对我所见过的任何人都不起作用——那就是内省，在某个地方自己全身心地钻研。这种方法可能对印度人和日本人有用，这一点我并不否认，但从我在美国的经历来看，没看到它对任何人有用。我认识的唯一快乐的人，是那些在他们认为重要的事业上工作得很好的人。另外，我在讲座和之前的著作中提到过，这一点在我研究自我实现的研究对象身上也得到了验证。他们为元需求（B- 价值）[89] 所激励，表现在他们对一些伟大而重要的工作的投入、奉献和认同上。这对任何研究对象而言都屡试不爽。

或者我可以非常直截了当地说，救赎是自我实现的工作和自我实现的责任的副产品（大多数追随我的年轻人都会存在这样的问题：他们的脑海中似乎有一些自我实现的概念，认为这是脑海中的一道闪电，会突然击中他们的头部，而他们什么都不需要做。他们似乎都想被动地等待闪电的到来，而不需要自己做任何努力。此外，我认为几乎所有人都倾向于不自觉地将自我实现定义为摆脱所有抑制和控制，以支持完全的自发性和冲动性。让我失去耐心的原因，在很大程度上是因为这个——我猜，他们没有毅力，没有坚持，不能容忍挫折……显然，他们认为这些品质与自我实现是对立的，也许这正是我应该进行更具体的谈论的方面）。

在整个研究过程中，值得一提的是，让人有自我实现感的工作（S-A工作）具有超越自我的特性，并不需要刻意去尝试，这正是日本等东方文化中人不断尝试，想要达到的那种境界。S-A工作不仅是对自我的寻求和实现，也是对无私的实现，这是真正自我的最终表达。它解决了自私和无私之间的对立，也解决了内在和外在之间的矛盾——因为一个人在S-A工作中的动力源自内心的需要，也可以说是自我的一部分，这样世界和个体之间就不存在什么差异了。内心世界和外部世界融合在一起，成为一个整体，主客体二者之间的关系也就不是相互对立的了。

我们在大苏尔温泉与一位艺术家相遇——一位真正的艺术家，一位真正的工作者，一位真正的事业有成者，与他的谈话对此观点很有启发。他不停地催促贝莎（我的妻子）去动手完成她的雕塑，他把她所有的辨识、解释和借口挥之脑后，认为所有这些都是花哨的、高调的借口。"成为艺术家的唯一途径是工作、工作、再工作"，他强调了纪律、劳动、汗水。他一再重复的一句话是"用你的木头、石头或黏土做出一些什么，如果结果糟糕，那就把它扔掉，这总比什么都不做要好"。在他的陶艺生涯中，他不会收任何不愿意在工艺本身、细节和材料方面花费多年精力进行研习的学徒。他对贝莎的告别语是："去动手做一些哪怕是泥团子吧。"他敦促她在早餐后要立即开始工作，就像一个必须工作一整天的水管工，如果没有做好一天的工作，工头就会把他炒掉那样。"要表现得好像你必须以此谋生。"显然，这家伙性格乖僻，像个怪人，而且说了很多粗俗的话语。然而，人们还是要认真对待他的言论，因为，他的成就也证明了他的话不只是说说而已。（关于这整段对话，贝莎有一个非常好的与研究相关的想法：假设这个有创造性的人喜欢自己的工具和材料，那么这也可以被检验证实）

一个值得思考的问题是人们为什么不创造或不工作，而不是他们为什么要创造或工作。可以有这样一个假设：每个人都有创造和工作的动机，无论是孩子，还是成年人。需要得到解释的是抑制因素、障碍等——到底是什么阻碍了这些明明存在于每个人身上的动机？

［相关问题：关于 D 型创造者[60]，我总是将其归因于特殊才能，例如与人格健康无关的特殊才能。我想我现在必须加上

两种类型，在工作上的盲目的努力，这是其中一种；其二是盲目的空想者，就像一个人以一种神经质且傲慢的方式，武断地将自己定义为艺术家，因此他就理所当然地觉得自己成了一个艺术家。又因为他一直以来以艺术家自居，所以大家也都这样想］

如果你从这个世界中汲取了一些重要的东西，那么你自己也会因此而变得重要。因此，你就让你自己变得像你所汲取的东西一样重要。你消逝了、生病了，或者不能工作了这些事都会立即变得影响重大。所以你必须照顾好自己，必须尊重自己，也必须得到足够的休息，不能吸烟或喝太多酒，等等。你也不能自杀——那样做太自私，而且这将会是全世界的损失。人们需要你，你是一个有用之人。一个人被需要的最简单的例子就是那些有孩子的母亲不像失去孩子的母亲那样容易产生自杀念头。集中营里的人，有一些在生活中肩负了一些重要的使命和责任，他们往往会努力求生；而那些放弃了生的希望的人，便会陷入低落的情绪，甚至会对生命产生冷漠的情绪，毫无反抗地死去了。

培养自尊的一种最简单的方法是成为某个重要组织的一部分，能够说像"我们联合国……""我们医生……"这种话。当你能说："我们心理学家已经证明……"时，你就会因此体会到作为心理学家所拥有的荣耀、快乐和自豪。

这种对重要事业或重要工作的认同，这种对它们的认同并把它们纳入自我，从而扩大自我并使其变得重要，也是一种克服人类缺陷的方法，比如在智商、天赋、技能等方面的缺陷。例如，科学是一个社会机构，有明确的分工也有合作，有对性格差异的利用——这是一种让缺乏创造力的人变得具有创造力，让资质平庸的人变得聪慧，让平庸之人变得伟大，让有限的人类变得永恒且无所不能的秘诀。任何科学家都必须得到一定的尊重，无论他的贡献是大是小，因为他是一个伟大集体中的一员，他加入了这个集体，因而有权得到尊重。也可以说，他代表了这个集体，他是这个集体的大使之一（这也是一个很好的例子：来自强国的大使与来自一些落后或腐败国家的大使的待遇是不同的，尽管他们都是一样的有着各种缺点的人类存在）。

这同样适用于士兵，比如来自战胜方军队的一名士兵和来自战败方军队中的一名士兵。因此，所有的科学家、知识分子、哲学家等，虽然单独来看他们是有限的个体，但整体来看，他们就会变得非常重要。他们代表一支凯旋的军队，他们在对社会进行变革；他们在为新世界做准备，他们在缔造优心。于是，作为伟大集体中的一员，科学家也因而成为英雄。他们找到了一种让平庸之人变伟大的方法。个人对于这个世界而言是渺小的（只是程度不同），所以，以某种形式参与或认同一项有价值的事业，对任何一个人能够感到健康和强大的自尊都至关重要［这就是为什么在"好"公司工作（声望、好产品等）有助于提升自尊］。

这都与我对"责任是对客观形势需求的回应"的思考有关。"需求"一词等同于对"要求"做出恰当反应的意思，即具有"命令特质"的东西，这种特质在很大程度上依赖感知者自我感知的体质、性情或命运。也就是说，这是他觉得自己有义务将其纠正、让它正确的东西，就好像是他的责任一样，就像是看到墙上皱皱巴巴的画，任何人都会想要将其抚平。在某种程度上，这就像一个人对自己在社会上所处位置的认识。理想条件下会有一致同构，一个人与其 S-A 工作（事业、责任、义务、使命、任务等）之间的双向选择，每个任务将"召唤"一个在世界上最适合处理它的人，像一把钥匙和一把锁，然后那个人就会感受到强烈的呼唤，并和它产生共鸣。这是一种互动，一种相互适应的关系，就像美满的婚姻或美好的友谊，像是为对方而设计的一样。

那些拒绝接受这种独特"召唤"的人又是怎么想的呢？为什么他们能够对这种"召唤"视而不见，甚至像是压根儿就没听到？我们可以给这种现象一个合理的解释，即迷失本性或违背天性，就像一只狗想只靠着后腿直立走路、诗人想变成一位商人，或者商人企图将自己变成一位诗人那样。这些都是不适合、与社会不匹配，或者说是有违本性的想法——人必须服从天性，接受命运造人的事实。

所有的这些很像道家理论。强调这方面的认识是大有裨益的，因为责任和工作在道格拉斯·麦格雷戈的 X 理论[①] 中，被

---

① X 理论：将人性假设为厌恶工作、逃避责任的理论。由麦格雷戈于 1957 年提出，与 Y 理论相对。

无意识地视为一种责任，或不情愿地承担的责任，因为被迫这样做是出于一些道德的限制，一些被视为不同于自然倾向的"分内的"或"应该做的"事情，它不同于通过愉悦或品尝美味的自由选择。在理想的条件下——也就是能够使自己得到满足的良性欲望，人们会倾听自己冲动的声音，就像选择伴侣一样热切而快乐。所谓服从（无论是顺应还是相信），不过是彼此相依的两方之间的"拥抱"，此时，主动与被动之间的两极分化在此融为一体。愿望与责任之间的分歧、东西方之间的差异问题以及自由意志与强制职责之间的矛盾，也会由此被瓦解（一个人可以接受自己的决定因素——虽然这样说也不是十分贴切。更确切地说，人们知道外部世界的各种所谓决定因素，其实正是他们自己内心世界的反应，两者之所以看起来不一致，是由观察及理解偏差造成的。这是一种自爱及珍惜自己未来的表现。各种本性相属的因素得以相互交融，并且相得益彰、难解难分）。

率性而为，而不是自我控制，等同于自发性，这种行为，与适应环境所需要的行为是吻合的，是没有区别的。

因此，认识到自己的责任或工作就像找到了"真爱"，可以说是一种归属感。这也让我想起了戴利·金（C. Daly King）和他的"天命"概念（parodic design），即通过对设计所隐含的意图或命运的认识，找到自己在这个世界上适当的位置和归属。

将这整个概念应用于一个人和他注定要从事的工作之间的关系是困难且微妙的，但这也要比将其应用于决定两个人是否应该结婚要更简单容易。在这个相同的悖论设计中，可以看到一种人格与另一种人格相适应。

如果工作能够体现出自我的需求（我猜它或多或少都可以反映出一点，即使人们并不愿意承认这一事实），那么自尊和工作之间的关系就比我原先设想的要更密切。特别是健康和稳定的自尊（价值感、自豪感、影响力、重要性等）依赖于良好的、有价值的工作，从而成为自我的一部分。也许我们当代的萎靡不振更多是由于不能带来成就感的、机械化的、十分零碎的那种工作，这类工作比我想象中的要多。我很难以想象，如果我在某个口香糖工厂，或者在一个虚假的广告公司、某个生产伪劣家具的工厂工作，我会为此感到骄傲、自爱和自尊。到目前为止，我一直坚持"真正的成就"是自尊的基础，但我觉得这种说法太过笼统了，需要更详细的阐述。"真正的成就"意味着不可避免地要完成一项有价值的、良性的、能够受人尊敬的工作。把一些愚蠢的工作做得非常好，当然不是真正的成就。我喜欢自己说过的一句话："不必为不值得做的事情而操心。"[39]

# 第三章
# 自我实现的责任

　　在 S-A 工作被同化为一个人的身份或自我的时候，这项工作就可以起到治疗和自我治疗的作用。这是因为外部的工作或任务已经成为自我的一部分，可以按照一定的方法来完成、完善或纠正，而这种效果是无法靠个人的内心自我调整而直接实现的。也就是说，如果内在问题可以转化为外在问题，人们就能更容易地将其解决，从而减轻焦虑和压力。事实上，这可能正是人们将一个内在问题投射到外部世界的无意识主因，或者说，这样就可以在焦虑减少的状态下进行工作。我认为最好的例子和最容易被接受的例子是：第一，艺术家（他们正是通过把自己的内心世界描摹在画布上来解决自己的内心问题的）；第二，知识工作者，他们同样会选择一些可以投射他们内心世界的议题来进行工作，尽管他们不会承认自己是这样做的。

# 第四章

## 对于不同管理阶层的管理方针

　　如果我们面对的雇员都是具有成长潜力并且渴望成长的高素质者，那么彼得·德鲁克的管理原则似乎就是正确的。它们只会在人类发展的最高阶段起作用。它们理想地假设一个人在过去的成长过程中，基本需求都得到了满足，现有生活状况也令人满足。这个人过去是这样，现在也是——安全需求得到满足（不焦虑，不恐惧）；他过去和现在的归属感需求也都得到了满足（他不会感到被疏远、被排斥；他融入了家庭、团队和社会；他不会被当作外来世界的侵入者）。一直以来，爱与被爱的需求都得到了满足（他有足够多的朋友和足够好的朋友，有合理的家庭生活；他觉得自己值得被爱、被需要、有能力给予爱——这比浪漫的爱更有意义，尤其是在谈论工业领域问题的时候）。一直以来，被尊重的需求也得到了满足（他觉得自己值得被尊重、被需要等；他觉得自己得到了足够的表扬，并希望得到他应得的表扬和奖励）。他的自尊需求过去和现在都得到了满足（事实上，这种情况在我们的社会中发生的频率并不高；大多数人在潜意识的层面上没有足够的自爱和自尊的感觉）。

　　此外，他也可以感觉到，他的好奇心，他对信息、知识的需求，在过去和现在都得到了满足，或者说，至少在自己觉得有需要的时候，能够得到满足。这意味着他受到过一定的教育，等等。

　　但现在我们需要思考的问题是，对于一个在这些方面没有得到满足的人来说，适宜的管理原则是什么样的呢？比如，那些固守在安全需求层面的人，那些永远感到恐惧的人，那些感觉到灾难随时都会发生的人，失业的人。对于那些相互不认同、相互猜疑、相互憎恨的人来说，应该采取什么样的管理模式呢？

　　显然，不同的管理原则将适用于不同类型的动机水平。我们没有多大的必要为动机层次中低层次的人制定管理原则。我们的主要目的是不断地使个人发展的高层次需求更加明确。

# 第五章

## 关于开明经济和管理

以下的假设是开明管理理论的基础。可以参看德鲁克、利克特、麦格雷戈、阿吉里斯等人的相关研究理论。

### 1. 假设每个人都是值得信任的

这并不是说世界上每个人都值得信任——任何人都不该被怀疑。它假设强调了个体差异的事实。它假定为特定工厂挑选的人是比较进步的一类人，相对成熟、相对健康、相对体面。根据定义，它还假设了良好的环境条件。下面是对这些假设的进一步说明。

### 2. 假设每个人都要尽可能完整地了解足够多的事实和真相

也就是说，要了解与情况相关的一切。在开明管理中，有一个明确的假设，即人们需要知道，且尽可能多地了解一切事实，对他们来说是有好处的。真相、事实和诚实往往能够治愈创伤，是有疗效的，能抚慰心灵，给人以美好的感觉，等等[ 详情可参看《知的需要和对知的恐惧》（ *The Need to Know and the Fear of Knowing* ）[93] ]。

### 3. 假设所有的雇员都有进取的冲动

假设雇员们都支持工作质量上乘，反对浪费时间和工作效率低下，并希望能够做好工作，等等。

这一假设也是很适合讨论格式塔动机的。还可以看看凡勃伦（ Veblen ）的《劳作本能》（ *The Instinct of Workmanship* ）。注意关于追求完美和改善不完美的冲动的论述。再次记住，这种冲动在相当大比例的人类中要么没有体现，要么非常孱弱，但我们正在为我们的组织选择具有这种冲动的人。还要指出的是，所有心理健康的人都会有这种冲动，为了避免任何不真实的、盲目乐观的或过于乐观的观点，指出那些没有这种冲动或没有太多这种欲望的人，例如，被压垮的人、绝望的人、被打倒的人、一蹶不振的人、焦虑的人、恐惧的人、痴呆的人、精神病患者、完全没有美感的人、粗鲁的人，等等。

**4. 假设不存在弱肉强食或独裁统治中的从属等级现象**

假设这种支配是"黑猩猩"家族式的统治风格——兄弟般的、负责的、充满爱心的等。[20][78]

在丛林世界观盛行之地，开明管理实际上是不实际的[33]。如果所有人都被划分为锤子和铁砧、羔羊和狼等，那么兄弟情谊、共享目标、对团队目标的认同就变得困难、有限甚至不可能。成员们必须要具有能在较大范围内相互认同的能力。威权主义者不可能认同任何人，也无法得到其他人的认同，最多也只能得到自己家族成员的认可。由此可见，这是开明管理的另一种用人原则——专制主义者必须被排除在外，除非他们转变信仰。

**5. 假设组织中的每个人，无论处于组织中的任何位置或层次，都有明确的、共同的最高目标**

这里需要说明的是，被组织层次整合原则取代的极端化和对分化现象。以皮亚杰（Piaget）对日内瓦小男孩的分析为例：小男孩一直认为一个人要么是日内瓦人，要么是瑞士人，直到年龄稍微大些了他才知道，其实一个人可以同时拥有两种身份，所以日内瓦人和瑞士人也可以是同一个人。我想我们将不得不在这里了解有关团队心理动力及团队和组织认同方面的知识。例如"我愿意为亲爱的老罗格斯队而死"。或者可以尝试以军队为例进行研究，在军队中，完美的爱国主义以及对所有事实的了解是必不可少的，每个人都有着和其他人一样的追求最终胜利目标，因此会以最恰当的方式利用自己特有的能力来实现这一目标，即使这有可能意味着要以自我牺牲为代价。这种假设当然是以解决问题为中心，而不是以如何满足自尊为中心而提出的。也就是说，人们会问："怎样做才能更好地解决问题或实现目标？而不是怎样做才能满足自尊需求或个人需求？"

**6. 开明经济必须假定组织的所有成员之间都是善意的，而不是敌对或嫉妒的**

这里用兄弟姐妹之间的一种邪恶或心理病态的竞争为例子，这种竞争出于一种良好但微弱的冲动，这种冲动就是，孩子希望得到母亲的爱，但还没有成熟地认识到母亲可以同时给几个孩子爱。他可能会敲打弟弟的头，但这并不是出于内在的敌意，而是因为弟弟看起来好像抢走了母亲全部的爱。请注意，两三岁的孩子会对自己的新生兄弟姐妹存在敌意，但对其他孩子并没有。也就是说，他并不是针对所有孩子，而是只憎恨那个会偷走母亲爱的人。当然，最终我们都会从这种不成熟中成长，认识到母亲可以同时爱我们所有人，但这需要心智发展到相当成熟的程度才具备。因此，在任何团队或组织中，如果要想摆脱兄弟姐妹式的竞争状态，那么就必须具有较高、较成熟的个人心理素质。

### 6a. 协同作用是该假设的含义之一

协同作用可以被定义为解决自私与无私，或利己与利他之间矛盾的方法。我们通常认为，一个人拥有的越多，另一个人就拥有的越少。无私的人比自私的人心存更多的利他主义，但在正确的制度和社会条件下，不一定是这样的。在理想的组织环境中，个人在追求自己的利益时，无论是否有意，都会不自觉地惠及他人。同样的，当我试图成为利他主义者和慈善家时，我自己也会自然而然地因之受益。

例如，在我对黑脚族印第安部落的研究中，"施舍"就是这样一种协同作用的例子。黑脚族印第安人能够从每个人那里获得声望、尊重、地位和爱的途径是太阳舞仪式。因此，黑脚族印第安人可能会努力工作，在一整年里节衣缩食，这样他就会存下来一堆毯子和食物等，然后在初夏的太阳舞仪式上赠送给大家。在那里，富人的定义是非常慷慨的人，或者是赠送了很多东西的人。经过这样的赠予，他的口袋里可能连一分钱也没有了，但他可以被定义为一个非常富有的人。他通过自己的努力和智慧，通过自己的聪明才智，赢得了大家的尊重和爱戴，也证明了能够凭借自己的努力获得非凡成就。可以说，他证明了自己聪明过人，还可以再创辉煌。在这个部落里，最受尊重爱戴的就是那些奉献最多的人。

那么，他送出一切以后又该如何生存呢？由于他树立了很高的威望，以至于部落里的每个人都非常迫切地希望见到他。大家争先恐后地盼望着他能光临自己家，他的光临对于他选择的最终款待他的家庭是一种极大的荣誉。他被认为是如此聪慧过人，以至于让他在壁炉边教授孩子们知识也被认为是一种极大的祝福。这样一来，他的技能、他的智慧、他的辛勤工作、他的慷慨，使他和所有人都受益。对于一个黑脚印第安人来说，发现一个金矿会让部落里的每个人都兴奋不已，因为每个人都会分享到金矿带来的利益。而在现代社会，发现金矿却往往意味着我们会疏远他人，甚至是那些与我们关系密切之人。

如果我想毁掉一个人，我想不出比突然给他 100 万美元更好的办法。只有强大又聪明的人才知道应该如何利用这些财富，而许多人无疑会失去他们的朋友、家人，在这过程中也会不可避免地失去这 100 万美元。

在开明经济中必须假设协同制度的建立是以这样一种方式为前提的：能够使个人受益的事情，也要使集体受益；有利于公司的，也能有利于国家；能够让国家受益的，对世界也有益处；同样，对个人有益处的事情，对其他人也有益处，等等。这就为每个社会机构提供了一个强有力的分类和选择标准：哪些制度安排更有助于产生协同作用？哪个点偏离了它？德鲁克认为，开明经济可以强化协同作用，尽管他可能尚未明确地意识到这一点。既然如此，我最好单独详细地阐述一下这个问题。

### 7. 假设组织中每个人的健康状况都令人满意

关于这一点，很难以量化的形式来准确阐述，但至少雇员不能是精神病患者、精神分裂症患者、偏执狂患者、脑损伤者、弱智者、吸毒者，等等。

**8. 假设该组织足够健康，暂且不论衡量标准是什么**

一个健康的组织一定有其衡量的标准。我不知道这些标准到底是什么，也不知道是否有人曾清晰地列出过它们，但如果还没有的话，与此有关的工作将必然成为未来的趋势。当然，这些原则会与个人心理健康的标准相重叠，但它们不会完全相同，这一点是非常肯定的，因为组织机构在某些方面是与人类不同的。这部分内容将需要被进一步探讨。

**9. 假设组织成员具有"欣赏鉴别能力"或客观独立的判断力**

此假设不仅指对别人的能力和技能进行完全客观的评价，也是指对自己的能力和技能都是纯客观的。

这尤其意味着不能带有尼采①式的怨恨，也不能有对自我的引咎自责，没有对"B-价值观念"（存在价值）的敌意，没有对真、美、善、正义、法律、秩序等的敌意，或者让情绪水平低于人性中无法避免存在的最低限度（这是对客观事实的认知，并变现出对它们尊重的一种形式）。考虑到在理想的情况下，在每个人都有完美的理智和能力，没有任何自私自利的自我的情形下，做到这点很容易。那么我就可以毫不费力地说，最好选择史密斯来做这项工作，因为他是最适合的人选，比我更有能力胜任。这个人并不会因为这样说而产生任何嫉妒、伤

---

① 弗里德里希·威廉·尼采，德国哲学家。——译者注

害、自卑或其他方面的感受。当然，这在实践中是不可能的，因为人们除了处理少数日常生活的琐碎，是不可能达到这种完美境界的，但这至少应该是开明管理趋向于接近的极限目标。至少组织应不断接近而不是不断远离该目标。在人性允许的范围内，这种客观性必须得到加强而不是被破坏。要清晰客观地看待那些伤害我们自尊的事物是非常困难的，但在某种程度上也是可以做到的。从无数次的心理治疗经验中，许多人都学会了如何在自己身上看到那些压垮自己自尊的东西，并因此而受益。

**10. 我们必须假设组织中的人没有滞留在安全需要的层次**

也就是说，他们必须相对而言没有那么焦虑，他们必须有足够的勇气来克服恐惧，他们必须能够在不确定的环境中勇往直前，等等。这方面的假设是可以加以量化的［详细内容可参看拙著《存在心理学》（ *Toward a Psychology of Being* ）中的第四章"防御和成长"］。书中指出了一种简单的说法，即开明管理与专制管理的心理动力学对比，也就是恐惧与勇气之间的简单辩证法，或退步与进步之间的辩证法。总的来说，在被恐惧统治的地方，开明的管理是不太可能实现的。在这一点以及其他一些地方，德鲁克暴露了他对精神变态学、邪恶、软弱、不良冲动等方面缺乏重视或不够了解。德鲁克的管理原则对很多人来说根本就不起作用。对于人际关系或人事关系管理也是如此，他们忘记了对于世界上许多人，这些原则对他们来说是毫无意义的，这些人病得太重，心理太不健康，因此不可能适应开明管理的世界。另外，德鲁克还指出自己的理论缺乏对个体差异问题的利用或认识。

### 11. 假设一种积极的趋向——自由地实现自己的想法

自由地选择朋友和同道中人，自由地"成长"，自由地尝试新事物，自由地犯错，等等。

这种假设遵循了心理治疗或成长在概念上是不可能的原则，除非我们假设了这样一个抽象的变量。这可以从心理学家卡尔·罗杰斯的研究数据中明确看到。

### 12. 假设每个人都能享受良好的团队合作与友谊、良好的团队精神、良好的团队氛围、良好的归属感和对团队的热爱

需要注意的是，我们只是强调了来自个体自我实现与独立自主的喜悦，似乎还未能充分重视集体能够给人们带来的认同和喜悦。什么是对群体的认同呢？一个高中生对自己学校篮球队的那种自豪感，一个大学生会因为他的大学威望提高而优越感倍增，或者亚当斯家族的成员会因为自己是亚当斯家族的人而产生荣誉感，即使他自己并没有什么成就。

### 13. 假设对立情绪只是因为对事物的反应，而不是基于性格

也就是说，情绪的产生只是有客观的实际原因的，是一种正常的不良情绪，不需要被压制（这样说，它更接近于纯粹的诚实）。

当然，这种表达不满的自由将有助于培养诚实的风气和改善组织的环境，否则，当不良情绪无法表达时，就有可能产生压迫甚至积怨。例如，经理有时就会遇到这样的情形：经理越

好、越优秀，人们就越能自由地表达愤怒和分歧等。心理治疗师和病人之间的关系现在也很实际地证明了这一点。对他们来说，双方坦诚比隐瞒要好得多。太多人由于自身性格而产生怨恨情绪，即移情，如怨恨情绪的传递转移、宿怨以及对某类事物或标志的憎恨等，都会使良好、客观的人际关系难于形成或无法形成。如果我是老板，而某人对正常命令的反应就像我是他严厉的父亲那样，如果他不能区分老板和父亲这两者，那么我们之间想要形成良好的关系是非常困难的。

**14. 假设雇员可以承受，假设他们比大多数人所认为的要更坚强**

我们很容易就能了解到每个人的极限——他能承受多少压力。当然，压力不应是持续不断的，只是人们可以从偶尔的紧张和挑战中受益。

事实上，为了不感到懒散和无聊，它们必须偶尔做一下"拉伸运动"。如果一个人能在一段时间内达到自己的最高水平，那么他生活的各个方面都会变得更加有趣。此外，我们可以假设，很多人都愿意接受挑战。

**15. 开明管理认为人是可以不断改善的**

这并不意味着他们是完美无缺的。此外，这也并不排除他们对完美有着憧憬或希望，它只是说，人们至少可以比现在的状态更进一步。

**16. 假设每个人都希望自己是重要的、被需要的、有用的、成功的、自豪的、受尊重的，而不是不被重视的、可替换**

的、无用的、可被遗弃的、不被尊重的

这个假设只是在说尊严和自尊需求是普遍的现象，而且是一种本能[96]。

**17. 假设每个雇员都愿意，甚至认为有必要尊重且爱戴他的老板，而不是憎恨**

这个假设是被德鲁克忽略的一点。有时，尊重可能比爱戴更重要——也就是说，虽然我们喜欢尊重和爱戴我们的老板，但如果我们只能选择其中之一，我们大多数人会选择尊重老板但不爱戴他。

这可以用弗洛伊德的方式来解决，也可以用关于支配与服从关系的现有数据来解决。最终，整个事情将不得不归根于强者和弱者之间相互关系这一普遍理论，包括同时对强者的优势、劣势和弱者的优势、劣势进行明确的讨论，尤其是在男性和女性之间、成人和儿童之间，以及在雇主和雇员、领导者和被领导者之间[78]。畏惧老板或强者的动机，畏惧其所带来的利弊，也是需要被讨论的内容之一。强者的动机也必须得到更多的研究，特别是强者周围的人是如何看待他，并受他影响的。

**18. 假设每个人都不喜欢因惧怕别人而产生的感受，但与鄙视上司相比，他们宁可惧怕上司**

我们可能不喜欢强者，如戴高乐、肯尼迪、拿破仑、罗斯福等，但我们又不能不尊重他们，而且会在紧要关头发自内心地喜欢他们、信任他们。当然，在战争中，这也是一个普遍的事实。强硬但有能力的领导人可能会被人讨厌，但他们远比那些柔弱的领导人更受欢迎，后者可能更可爱、温柔、和蔼可亲，但也更容易带来灭亡。

**19. 假设每个人都喜欢成为积极主动的主宰者，而不是被动的跟班、工具，一个在波浪中翻滚的"软木头"**

德鲁克谈了很多关于"责任"和对责任的看法，并引用了各种工业调查数据，表明人们在明确自己需要担负的责任时，能更好地发挥作用，更出色地完成工作。这一观点当然是正确的，但只适用于更成熟、心理更健康的人，即德鲁克自始至终假定的那种人。但要指出的是，这种人并不是普遍存在的。仍然有很多人，他们更喜欢依赖他人甚至被奴役，不愿意自己思考和做决定。参考许多关于独裁者性格的研究，很明显，我们必须比德鲁克更清醒地认识到，乐于承担责任这个先决条件，一个假设，是针对特定人群而言的 [65]。

**20. 假设有一种改善现状的倾向，如纠正错误，清理差错，把事情回归正轨，提高工作效率等**

事实上，我们对此了解不多。在格式塔心理学家的相关著作中，论述了关于这方面的科学探索开端。我在心理健康的人身上经常观察到这些倾向的存在，我把它们称为格式塔动机，但我不知道，其他人也不知道这些倾向有多强，甚至不知道它们是否存在于不太健康、不太聪明的人类身上。无论如何，必须指出的是，德鲁克假设他所谈到的那些人身上都存在这种情况，而他把这种假设作为在开明经济状况下取得成功的先决条件。这看起来的确是他的先见之明。

21. 假设成长是在快乐与厌烦的交替中发生的，这与儿童成长的过程相似

没有焦虑感的孩子喜欢探索和享受新鲜事物，但他们迟早会对眼前的事物感到厌倦，然后开始寻求更新、更有价值的"新"事物或活动。可以参看拙著《存在心理学》(*Toward a Psychology of Being*)中的第 4 章，"防御和成长"。一个相当可靠的假设是：开明管理的先决条件是对新奇事物、新的挑战、新的活动、不同文化及困难任务的存在感到兴奋，但所有这些迟早会变得熟悉，变得无趣甚至无聊，因此，人们随后会重新开始寻找额外的刺激和新奇事物，或者更复杂的工作。

22. 假设人们都倾向于成为一个完整的人，而不是一个附属品，或别人的"一只手"

"一个人喜欢展现出他所有的能力，施展他所有的才华，而不喜欢被当作工具。"

在此，请使用我在《存在心理学》(*Toward a Psychology of Being*)一书第 9 章中列举的关于对他人蔑视态度进行抵抗的例子。例如，女性（至少是拥有较高素质的女性），对那些只把自己作为性对象的心理或行为持抵抗态度；对于劳动者来说，他不愿意只被别人当作"一只手"，或成为别人利用的对象和工具；餐厅服务员也不愿意被当作只是传递碗筷的"机器"……

23. 假设人们更喜欢工作而不是闲着

德鲁克的这个假设当然是对的，但仍需对他所给出的前提

条件予以补充。例如，大多数人宁愿不工作，也不愿从事无意义的工作、浪费时间的工作或存在强制性的工作。此外，在对工作种类的偏好方面肯定是存在个体差异的，例如，脑力劳动与体力劳动的选择。我们还必须强调工作过程中的乐趣和工作的目标或目的之间的差异。此外，在任何全面的讨论中，我们最终将不得不谈论工作和游戏之间的矛盾关系。在德鲁克式的管理中，无论他是否已经阐明，最终的含义一定是，工作是享受的，甚至是迷人的、令人陶醉的。在自我实现的人中，他们所做的工作相当于牧师口中的"使命""召唤""责任""天职"等。这种生活中的使命实际上与自我如此相同，以至于它成为工人身体的一部分，就像他的心肝脾肺肾一样。对于真正幸运的工人，或者正处于理想进步状态的人来说，剥夺其工作（或正在履行的使命）几乎等同于杀死他。在这一点上，对工作的语义进行澄清讨论是绝对必要的，因为在我们的社会中，也许在整个世界上，有一种典型的隐含概念，即劳动从定义上来说是不愉快的，享受意味着躺在阳光下什么都不做。需要指出的是，强迫人们不工作是你能想象出来的最残酷的惩罚。

**24. 假设所有人都喜欢有意义的工作，而不是无意义的工作**

当然，这种偏好在优心管理学中比在其他理论中更强。

这很像在强调人类对一种价值体系的高度需求，这非常接近于人文意义上的宗教追求[102]。如果工作是无意义的，那么生活也就几乎失去了意义。也许这里也应该指出，无论多么琐碎简单的家务活儿——洗碗等，都会因为参与或不参与一个有意义的、重要的或者是否充满爱的目标而变得有意义或无意义。例如，清理婴儿尿布本身是一项令人无奈的事情，但它同时也可以是一件充满爱意的工作，对于一个深爱宝宝的母亲来说，这将会让她感到无比幸福与快乐；洗碗是一件毫无意义的苦差事，但也可以是对家人爱的体现，因此这种行为便会变得高尚，甚至可以成为一种神圣的行为，等等。组织中也会存在这样的情况。在这里我用自己经历过的事来举例：一个女人因为在一家口香糖工厂担任人事经理而患上了失语症（失去了对生活的热情和乐趣），她根本无法对口香糖感到兴奋。但如果她到一家自认为工作会比较有意义的工厂上班，那么即使从事同样的工作，她也有可能会变得乐在其中[93]。

**25. 假设雇员都希望对自己的人格、独特性和身份进行维护**

与之相对的是匿名和可替代性，德鲁克举了许多工业领域内的相关事例。

**26. 我们必须假设这个人有足够的勇气去接受开明管理工作制度**

这并不是说他心中没有什么恐惧，而是说他能够克服恐惧，或者不顾恐惧勇往直前。他有着较强的承受力。他知道创造会带来许多不稳定的因素，带来不安全感，但他能忍受焦虑的情绪。

**27. 我们必须做出雇员没有心理缺陷的假设**

也就是说，一个人必须有良心，必须能够感到羞耻、窘迫、悲伤等。

他必须能够识别并且认同他人的感受。我们还必须假设雇员有最低限度的妄想症，即多疑、夸大其词、受迫害的感觉等。

## 28. 假设雇员有自我选择的智慧和能力

关于这个假设，德鲁克提到过一两次，但并没有对其进行详细说明。实际上，对于开明管理制度下的人们来说，一个基本的假设是，可以通过找出自己最喜欢的东西来发现自己最擅长的事情。或者说，一个人喜欢什么，偏爱什么，选择什么，都是明智的选择。我们必须非常详细地阐述这一点，特别是在有一些证据表明事实正好相反的情况下。这个自我选择的智慧，原则上是正确的，这对心理健康的人来说尤其正确，但对神经质和精神病患者来说就不那么正确了。事实上，神经症也可以被定义为是丧失了明智选择的能力。我们也知道，习惯会干扰明智的自我选择，持续的挫折及其他很多事情也是如此。因此，贸然假设在任何情况下的自行选择都是明智之举，是与事实相矛盾的。我们再次面临着德鲁克所忽视的，即选择和筛选能够适应开明管理原则的雇员的必要性。我们再次发现，他们往往是心理相对健康、善良和有德行的人。

## 29. 我们必须假设每个人都喜欢被恰如其分地赏识，而且最好是在公开场合

我们对谦虚和谦卑的错误观念在这里阻挡了我们理解这个假设。大平原地区的印第安人在这方面则现实得多。他们认为，每个人都喜欢夸耀自己的成就，喜欢听到别人的赞美。但这种夸赞必须是真实的、公正的。无中生有，或不适当地夸大

自己的成就，实际上会误导现实。

### 30. 我们必须对上述所有积极趋势采取防御和增长的辩证态度

具体来说，这意味着每当我们谈到人性中的积极倾向时，我们必须假设也存在一种相反的倾向。

例如，几乎每个人都有想自我实现的倾向，这是完全确定的。但同样真实的是，每个人都存在一种想要退缩的倾向，害怕成长，抗拒自我实现。当然，勇气和恐惧是并存的——人人都爱真理，这是事实；但人人害怕真相，这也是事实。这些对立的趋势总是形成一种平衡，并以辩证的方式相互联系。问题是，在特定的时间、特定的环境下，哪种倾向是更强大的呢？

### 31. 假设每个人，尤其是那些较成熟的人，在大多数时候都喜欢承担责任，而不是依赖和被动

当然，当人处于虚弱、惊恐、生病或抑郁时，这种倾向便会减弱。此外，必须把责任定在人所能承受的范围内。太多的责任会压垮一个人，就像太少的责任会使他变得松懈一样。在生活中，过早地把责任放在孩子的肩上，可能会使他以后永远无法摆脱焦虑和紧张。因此，我们必须考虑到赋予责任的分寸和时机。

### 32. 总的来说，假设从爱中比从恨中会得到更多快乐（尽管恨的快乐是真实的，不应该被忽视）

换种方式来说，对于心理健全成熟的人而言，爱的快乐、友谊的快乐、团队合作的快乐，这些都是真实的、强烈的，而

且远胜过通过破坏、毁灭、对抗等行为带来的快乐。我们必须记住，对于那些心理不健全的人来说，如神经质或精神病患者，在相当多的情况下，仇恨和破坏带来的快乐要大于友谊和关怀带来的快乐。

### 33. 假设心理健全成熟的人创造的欲望要大于破坏的欲望

尽管后者带来的快乐是真实存在的，且不能被忽视，特别是在心理不怎么健康的人身上，如精神病患者、缺乏自控力易冲动的人，它们能从后者感受到强烈的满足感。

### 34. 假设心理健全成熟的人总是饶有兴致，而不会兴味索然

这一点可以说得更准确些，即实际上所有的人都讨厌无聊。

### 35. 我们必须假设，开明管理的最高理论水平是指，人们喜欢或越来越认同现实世界，领悟人生真谛，或达到最高精神境界并探索宇宙的本质等

这个假设与日益陌生化的观点形成对比。它需要被讨论，但目前还没有必要。

### 36. 最后，我们将解决元动机和元病理学的假设

寻求"B-价值观念"，即对真理、美、正义、完美等的渴望。

# 第六章

## 管理政策对不同个体的忽视

德鲁克和其他人谈论的一般原则，在大多数情况下都过于笼统。当然，管理女性与管理男性是不同的，那些固守在安全需求层面的人或停留在爱的需求层面的人也是如此。如果我们论及在哥伦比亚、伊朗、叙利亚和南非等国应用德鲁克原则的可能性，这一点就会变得更加清晰。世界上有许多地方只有靠专制的管理、以棍棒来威慑充满恐惧的人们才行得通。专制主义者认为奉行各种仁慈、博爱的人际关系管理原则的管理者头脑简单、智商低下，或者至少是多愁善感、不现实的，等等。

事实常常证明，专制的独裁者在变得仁慈和慷慨之前，必须先要遇到一些挫折。有些人必须先受到恐吓才会认真对待所有命令或建议。例如，战争期间对德国人性格的研究表明，教师、教授、经理、工头都具有态度强硬、严厉甚至苛刻的特点。例如，在一项研究中，那些和善的教师常遭到小孩子嘲弄，还会被认为工作做得很糟糕，因此并不会被尊重。对这样的教师来说，除非他们变得像儿童所期望的那种"狠"角色，否则管理课堂纪律是不可能的 [33]。

显然，我在这里指出了德鲁克理论的两个不足，并把它们结合起来分析：一个不足是他没有明确指出选择合适人选的必要性；另一个不足是他忽视了一些人身上存在的犯罪、心理病态等现象 [22][51]。

# 第七章

# 增长与倒退力量的平衡

　　还有一件事必须要说得非常清楚。那就是，德鲁克和其他理论家的想法都建立在有良好的条件和运气的假设之下。即使这些假设在此时的美国是成立的，但同样的，它们在其他国家就有可能不切实际，或者是至少没有那么符合实际情况。即使在美国，如果发生了某种原子弹爆炸类的灾难，他们的假设在美国也就无法成立了。如果我们以一种更清醒、更现实的方式来表述这个问题，我们会更接近科学家实事求是的思维。例如，我们所说的"好的条件"和"坏的条件"是什么意思？社会中的什么变化可以打破平衡稳定的现状，使之朝着倒退而不是增长方向发展？经济匮乏会给社会带来什么影响？

　　无论如何，可以想象的一点是，如果有相当比例的美国人被杀害，以微妙平衡支撑着的整个社会结构就会崩溃，我们可能会突然从一个复杂的工业社会变成一个丛林狩猎时代的社会。很明显，德鲁克的原则在那时将不适用。如果在那样的环境下，还有人会假设人们是诚实的、善意的、利他主义的，那就十分疯狂了。当然，我不会在这种情况下假设，尽管我在目前的情况下确实做出了大量假设。德鲁克所假设的更好的生活和更高层次的人，现在当然是存在的。从历史上看，美国公民相对素质较高——特别是美国妇女，她们比世界上大多数地方的妇女思想先进得多。但这是建立在基本需求得到满足的基础之上，例如，安全需求得到了满足，归属感需求得到了满足，等等。但是，假设这些基本需求无法被满足，或受到威胁，或供应不足，那么那些构成优心（eupsychology）的上层建筑就会坍塌。

另一点是，德鲁克假设和谐的法律和组织普遍存在于社会中。我认为这个假设是相当正确和现实的，但在灾难之下，这种假设是否还能成立？比如，在食物匮乏的条件下，人们会不会互相对立。我们已经在一些难民营中看到了这种迹象。谁将死去？谁将被拯救？如果1000人中有10个人可以获救，我当然希望成为这10个人中的一个，但这1000人中的每一个人，也都希望成为获救者之一。那么这由谁来决定呢？我的猜测是，在无组织的条件下，将由武力来决定，也许是单打独斗，也许是群体斗殴。

任何增加恐惧或焦虑的东西都会使倒退和成长之间的动态平衡向远离发展的方向倾斜，任何毁灭或分离也是如此。任何形式的变化都有其两面性的影响，以及其对动态平衡的改变。也可以说，每个人都喜欢变化，也都害怕变化。人们不惧怕改变的情况，只有在非常有利的环境条件下才会发生，或者说，人们才会乐于面对改变。对那些有幸处于良好经济环境或组织环境中的人来说，这样的条件确实是存在的。但有一点必须澄清，德鲁克的管理原则并不适用于大多数美国黑人，他们肯定不是生活在良好的心理条件下的。很明显，我们可以预期，如果他们确实生活在幸运和良好的心理条件下，并且在一个良好的经济形势下，那么他们的行为也会与德鲁克的各种假设和预期相符。我们必须意识到我们是幸运的，我们是受恩惠的，否则我们就不会继续对客观情况的变化做出现实的、灵活的反应。如今，我们拥有各种有利条件，因此我们可以使用良好的开明管理原则；但这些条件在以后可能会被破坏，如果我们坚持这种只有在好的条件下才能运用的"开明管理原则"，那么就等于是在自杀。

还有其他事情需要强调，其中一个是沟通的重要性。正如一般语义学家会指出的那样，在各个层面都有好的沟通，也有坏的沟通。我认为，如果德鲁克将一般语义学的原则纳入他的管理原则中，将会受益匪浅。

我们应该强调各种积极因素吗？当然应该强调，但要在客观上需要的时候，或者确实有实际效用的时候才这么做。同时，我们必须强调现实中存在的各种客观消极因素，这样才是好的方式。

# 第八章

## 关于开明管理与组织理论的目标与指示

马斯洛论管理（精华版）
Eupsychian Management

开明管理的理论情况至少在某一个方面非常像心理治疗的处境：很多人都在为各种事忙碌着，不断地沟通，但他们没有勇气仔细地描述他们的一切目标和远景等问题，仿佛他们害怕谈论价值和目标，甚至希望重回 19 世纪的生活状态。但是，如果对开明的企业和开明的组织、开明的团体的远大目标进行研究，就会发现这么做几乎毫无意义。正如心理治疗者直截了当地指出，所有心理治疗的目的或远期目标是朝着自我实现的方向发展的，以及朝着适用于自我实现的元动机状态发展的，我们也完全可以说，良好的社会秩序或教育应起到类似作用。

现在我认为有必要补充一点，它也是任何开明的企业的远大目标，就像它也是所有临时治疗性团体的未来目标一样，如 T- 小组、敏感性训练小组、领导小组，等等。对一般的组织理论来说也是如此。然而，人们一个接一个地对这种新的发展做出看似有用的声明，讨论着那些建立在一种新的知识和新的概念上的组织理论和管理理论（人性，尤其是动机），除了发表一些幼稚的言论，对价值和目标却只字不提。激励理论的更高层面也是如此，即吸引更健康的人的远大目标、元动机或 B- 价值观念。换句话说，它们是人们追求自我实现的动力。

在我们的讨论中，我们完全可以忘记远方的目标，而只考虑企业的直接目标，即赚取利润、保持组织的健康发展等。但这么做是不够的。任何企业的管理者都希望企业能持续生存下去，这并不是指短短的两三年，而是指 50 年甚至 100 年。他们不仅希望企业能生存 100 年（这使得有必要对人类的动机和远大目标进行深刻讨论），而且还要健康发展。因此，在我的印象中，他们仍然在扩展门店、稍加扩大业务或改良产品等。

在这些经理或组织管理理论的作者中，很少有人敢于从广义的角度、乌托邦的角度、价值的角度进行思考。一般来说，如果他们使用劳动力流动性小、缺勤率较低、雇员积极性较高或利润更多等作为管理成功或健康组织的标准，那么他们就会忽略开明企业和谐发展和自我实现以及个人发展等方面的因素。

我怀疑他们担心开明管理的这些要求不过是在强调道德理念的重要性，它被引入只是因为某些特定的人具有道德主义的特征。但是，如果考虑到长期的发展，那么坚韧不拔的精神、获取利润以及所有其他方面都需要投入相当多的关注，我们可以称之为个人发展，也可以称之为培训适当的管理人员、培训工人及塑造组织气氛等。所有这些都与我们在心理治疗或在分析教育系统、分析一个良好的政治民主制度时所谈论到的长远目标相联系。

在我看来，在一个企业中，如果每个人都对组织的目标、指令以及目的非常清楚，那么几乎所有存在的问题都会变成简单的技术问题。当然，如果这些远大的目标是混乱的、冲突的、矛盾的或者含糊笼统的，那么世界上所有关于技术、方法和手段的讨论都将失去意义。我必须尽量清楚地阐述开明企业的远景或蓝图。而且需要强调，如果有必要，利润完全可以被严格地作为衡量指标之一，只要我的讨论不会与企业长期发展这一方向背道而驰。我所说的长期，不是指三五年，而是指一个世纪，因为只有这样，各种有关建立具有"乌托邦"、优心管理、良好道德及工作积极等特色的开明企业的提议才能生效并改进现状，包括改善利润。我必须帮助这些企业家理解，他们应该把雇员看作 Y 理论 ① 所描述的高素质人类，不仅是为了符合《独立宣言》或黄金法则的要求，不仅是因为《圣经》或宗教戒律等，而是因为这是所有成功的必经之路，包括经济上的成功。

---

① Y 理论：将人性假设为喜爱工作、发自内心愿意承担责任的理论。由美国行为科学家麦格雷戈于 1957 年提出。

# 第九章

## 倒退的力量

由于开明管理能够实施与否取决于各种先决条件，所以我们必须非常小心地对待这些条件，不仅是那些使进步成为可能的条件，还有那些有可能会导致倒退的条件。例如，商品的稀缺性（满足不了人们的需求）；潜在的基本需求满足中断（或这些需求受到威胁）；反协同作用的组织或法律；任何增加恐惧或焦虑的东西；对人来说任何形式的损失或分离导致的悲伤或丧亲；对那些容易焦虑或恐惧的人来说，任何形式的变化；各种不良的沟通、怀疑、否认、不诚实、不真实、说谎；混淆真理和谬误之间的界限；失去世界上任何基本需求的满足，如自由、自尊、地位、尊重、爱、被爱、归属、安全、生理需要、价值体系、真理、美，等等。

这一切都与在管理理论中，积极和消极力量之间取得平衡的问题有关。当然，比起二三十年前，在今天我们可以更加强调积极的一面，但也有必要强调消极因素，甚至在强调积极因素之前就强调消极因素。那么，每种情况应该强调多少呢？要与环境的现实所需的以及环境的法律所需的一样多。

还应该强调的是，良好的启蒙条件可能偶尔会在某些人身上产生倒退的效果，也就是说，会产生不好的效果。强调这一点是必须的，以防止理想幻灭。事实是，一定比例的人不能很好地承担责任，并对自由感到恐惧，这往往会使他们陷入焦虑等。这一点已经被临床医生注意到，但管理者们显然还不习惯这样想。事实是，一个松散的情形，一个自由的情形，一个人们被迫依靠自己资源的情形，有时恰恰会展示出他们资源的缺乏：有些人就会陷入冷漠、松懈、惰性、不信任、焦虑或抑郁情绪中，等等。在普通的专制、传统的结构化的情况下，他们可能会过得很好，但在自由、开放和自我负责的情况下，他们会发现，自己对工作并不真正感兴趣，或者他们不信任自己的智力，或者他们可能被一直强烈压抑自己而导致的抑郁症淹没，等等。这对组织理论家来说意味着，在他们转向新的管理方式时，应该假定有一定比例的人（目前还不知道）不会对良好的条件做出良好的反应。

例如，通常有一种被掩盖的趋向，会在自由管理的情况下清楚地显现出来，这就是成为受虐狂或自我毁灭的趋向。也许我还应该在这里补充一下其他人已经观察到的情况，即当你试图从严格的专制管理风格转向参与度更高的风格时，解除僵硬的权威限制的第一个后果很可能是一些混乱和敌意的释放，以及一些破坏性的后果等。专制主义者可能需要被改变并重新培训，但这很可能需要一些时间，而且，他们会经历一个过渡期，并利用他们被认为作为管理者应有的弱点。这也会使一些对这个过渡期感到失望的人产生幻灭感，并导致他们迅速回到专制管理中。

# 第十章

# 关于工作环境中的自尊心

如果我们深化和丰富对动机的自尊层次的理解，那么我认为我们可以澄清和具体化许多东西——在管理文献中还未被全面认识的或仍在摸索中的东西。每个人似乎都在某种程度上意识到了这样一个事实，即专制管理侵犯了员工的尊严。然后，他为了恢复自己的尊严和自尊进行反击，采取敌视和破坏之类的行为，或者被动地采取各种见不得光的、狡猾的、诡秘的、恶毒的对抗手段。这些行为对支配者来说是令人费解的，但总的来说，它们也很容易被理解，如果它们被理解为在支配或不尊重的条件下维护自己尊严的尝试，那么就具有非常真实的心理学意义。

| 人类应避免： | 一事无成（相比有所成就）： | 被他人管制的可笑人物（像一个物体，被人当作一个物件而非人来对待；像个模版一样被人标签化了，而非独一无二）： |
|---|---|---|
| 被操纵 | 不被欣赏 | 被命令 |
| 被掌控 | 不受尊重 | 被强迫 |
| 被摆布 | 没有威信 | 毁坏（利用，剥削） |
| 由他人做决定 | 不被信任 | 被管制 |
| 被误解 | 被人嘲笑 | 无助 |
| | | 顺从 |
| | | 异化 |
| | | 可替代 |

现在，解决这个问题的一种方法是从文献中挑出所有关键词——一般是从被统治者关于他们如何消极看待自己处境的言

论中挑出。也就是说，这就像问他们不喜欢什么，他们在回避什么，是什么让他们感觉失去了自尊。

他们积极寻求的是：

成为一个行动的推动者；

自我决定；

掌握自己的命运；

决定行动；

能够计划、执行并取得成功；

预期成功；

喜欢承担责任，或至少愿意承担责任，特别是为自己；

积极主动而不是被动；

成为一个人而不是一个物件；

有自我决策的体验；

自主权；

首创精神；

主动精神；

别人能够公正地承认自己的能力。

最后，应该非常清楚地明白，（来自他人的）尊重需求和自尊需求之间的区别。要鲜明地、清晰地、毫不含糊地进行区分。名誉、声望或掌声是非常好的，甚至对儿童和青少年来说，在真正的自尊建立起来之前是绝对必要的。或者，反过来说，自尊的必要基础之一是来自他人的尊重和掌声，尤其是在年轻的时候。归根结底，真正的自尊建立在上述提到的所有的事情上，涉及尊严的感觉、掌握自己命运和感觉自己是个老板的感觉之上（让我们把这称为"尊严"）。然后更仔细地研究尊严和自尊之间的相互关系，以及真正的成就、真正的技能、真正的优势等全部话题之间的联系。一个人必须值得获得掌声、声望、奖章和名声，否则在非常深层无意识层面上，那些掌声、声望、奖章和名声实际上会造成伤害并使人产生负罪感——各种精神变态过程都可能是从不值得被称赞开始的。

另外，我认为，对于许多人来说，做出为保护自己尊严的举动是非常有建设性的。再看看约翰·多拉德（John Dollard）的《一个南方小镇的社会等级与阶级》（*Caste and Class in a Southern Town*）和其他揭露那些被"踩在脚下"的非裔美国人遭到粗暴对待及陷入贫困的著作，他们完全无法反击，被迫忍气吞声，只能以被动消极的方式进行反击，但这也是非常有效的。

例如，装疯卖傻及类似行为（可以在企业情形下找到类似情况）——懒散和偷懒就是装疯卖傻。对"冲动自由"也是如此（这不仅是一种傲慢，也是对压迫者进行反击的手段）。对于被奴役、被剥削、受压迫的少数族群等，会通过暗中愚弄压迫者然后嘲笑他的方式进行反击。这也是一种报复性的心理动力，它的基础是对自尊的需求。

我想我可以在这种情况下使用一些我在《知的需要和对知的恐惧》[93]中使用过的例子。我认为我们可以把工人的这类反应告诉经理和主管，更不用说企业管理教授和工业顾问等人了。工人鄙视的反应、产生愤怒的反应，可能是工人为了产生愤怒而做出的——也许愤怒就是它的目的，也许愤怒就是一种反击。在任何情况下，如果这些心理动力被更容易地认识到，那么它们就可以被视为有价值的指标，就像温度计作为发烧和某些隐藏疾病的指标一样非常有用。当这些被动的、偷偷摸摸的、暗地里的、背后的报复行为出现时，说明工人愤怒了（通常是对被剥削、被支配或被以不体面的方式对待而产生的）。

现在我想问一个问题："如果一个人被当作一个可替换的部件，仅仅是机器上的一个齿轮、装配线上的一个附属品（比一台好机器强不了多少的附属品），他又该如何防止被侮辱呢？"对于这种被严重剥夺了一半成长潜力的情况，没有比生气、怨恨来摆脱这种情况更合乎情理、更容易理解的回应方式了。

如果我问经理、老板或教授，在类似的情况下他们会怎么做，也就是说，如果他们自己被放到这种情形中，他们不被当作"人"对待，他们的名字不为人所知，但他们被赋予了某种编号，而且绝对是可替换的，他们会有何种感受？他们的回答通常是，他们并不会抱怨，只会努力工作，使自己摆脱这种情况。也就是说，他们会寻求某种形式的晋升，把这种努力视为达到目的的一种手段。

但这是对我这个问题的回避，因为接下来我会问他们："那假设你不得不在你的余生中做这个工作呢？假设没有晋升的可能性呢？假设这就是你职业生涯的终点呢？"我认为这些上层人士这时会以不同的方式看待这种情况。我自己的期望是，他们有可能会成为更有敌意、更果断、更想革命、更具有破坏性的人，比现在的普通工人还要厉害，因为普通工人已经习惯了以这种方式度过余生，他们只会搞点儿小破坏，只有那么点儿敌对情绪。我猜想，所有这些"被研究"的人和"科学管理"人士以及一般的"上层人士"都期望"下层人士"能够平静地、安静地、和平地、不加反抗地接受给予他们的奴役地位、匿名地位和可替代的地位，但如果这些老板处于相同的环境中，几乎会立即引发一场革命或内战。

这种认识将很快迫使管理者的理念发生变化。部分原因可能是他们能够认同、深刻理解和体验到一个人置身于一个自己可被替换的环境中的感受。一想到处于这样的环境就瑟瑟发抖的经理，会对陷入这种处境的人更加同情。比方说，如果他理解一位智商低下的人在这种机械的、重复的工业环境中感到很舒适的想法，那么他就会明白——他应该要求所有人都像智商低下的人一样吗？

我也认为这种对自尊和尊严的心理动力理解会在工业环境中引起很大的变化，因为尊严、尊重和自尊的感受是如此容易给予！这几乎不需要付出什么代价，而是需要给予一种态度，一种发自内心的同情和理解。这种同情和理解可以以各种令人满意的方式自动表达出来，它们可以拯救置身于不幸处境的人的尊严。

如果目标是好的、共同的，在这种情况下没有威胁到一个人的自尊，那么在一个机械简单的环境中努力工作，还是可以忍受的。管理文献中的案例提到了各种简单易行的方法。我想到了一些谨慎且详细的案例，如道尔顿（Dalton）的《管理者》（*Men Who Manage*）中的案例。如果你想要清楚地明白自尊在企业生活中的作用，那么就请仔细阅读道尔顿的书，找出那些与追求自尊有关的例子，还有与自尊受到威胁时的反应相关的例子以及与报复、努力自愈以恢复受到伤害的自尊有关的例子。

我对这个问题想得越深，就越觉得把它放在最广泛的心理学背景下会更好。我认为，从所有被剥削群体或各种少数群体的反应中进行理论概括，构建一个关于对压迫的反应的一般抽象理论，是值得的。我想我可以通过把已经写过的关于强者和弱者之间的关系，男性和女性之间的关系（他们被视为相互剥削或竞争的关系），统治者和从属者之间的关系，成年人和孩子之间的关系，剥削者和被剥削者之间的关系，普通民众和各种受鄙视的少数族裔之间的关系，美国白人和非裔美国人之间的关系，尤其是把内战[1]前的相关研究文章都整理一下。

也许，男权文化中男女关系的历史可以作为例证。过去，女性在没有尊严和被尊重的情况下，被支配、剥削和利用的这些被视为"报复"的反应方式通常被看作性格特征，并在特定的文化和特定的时代构成了女性的定义。例如，阅读土耳其或

---

[1]　此处指 1861—1865 年的南北战争，即美国内战。——编者注

阿拉伯的文学，会发现女性是微不足道的，只是财产的一部分，没有人会联想到尊严一词。在过去几个世纪，土耳其或阿拉伯男性描绘女性的特征、女性的灵魂、女性的角色等，几乎所有这些的结合实际上形成了"秘密的报复"。我们可以在美国南部种植园的黑人奴隶身上，或者在三四十年前美国南部的"典型"黑人行为中发现，那时他们没有公开敌视和报复的可能。一个惧怕父母的孩子和一个父母管教严厉的孩子（也许我们说是受到恐吓更好），为了勉强生存而采用的手段的特征，与父权制情形下许多女性采用手段的特征，及奴隶制情形下黑奴使用手段的特征是一样的。

我认为，通过这样的并列，可以明确无误地说明问题，而且显然有可能对支配和从属的关系提出一般的抽象理论，不仅是对所有人类，甚至可以跨越物种界限。也就是说，工人对统治和随之而来的尊严丧失的这种反应，可以被看作一种深刻的、正常的、源于本能的自我保护，因此可以把它本身看作人类尊严的一种表达。这两难选择的另一端，结果终于形成了，如今大多数人都会把"被踩在脚下"对待的工人的反应方式，当作人性是多么低下、多么不可信任、多么没有价值、多么渺小的证据。恰恰是这些被我看作值得尊重的反应，使其他人失去了对工人的尊重。

奴隶不公开而且隐蔽的反叛，让我为人类感到骄傲。但我很能理解，这会让奴隶主、剥削者或支配者感到非常愤怒和蔑视。在个人的临床实践中，我经常看到这种情况发生。剥削者认为把被剥削者看作一路货色是理所当然的。这是非常微妙且难以启齿的，但也非常真实。狼期望羊会继续表现得像小羊一样温顺，如果羔羊突然转过身来咬狼，那么我可以理解，狼不仅会感到惊讶，而且会感到非常愤慨。羔羊是不应该有这样的行为的，羔羊必须安静地躺着，被吃掉。就这样，我见过这种人在被受害者转身反击时，会非常生气，勃然大怒。

或者我观察到的另一个例子，也可以说明这种情况。人们很容易在那些富有的或一直很富有的老年人中听到一些非常频繁的谈话。谈话的标准话题是仆人以前有多好，现在有多坏。在这种谈话中，我从未发现他们对这种想法有丝毫的怀疑，他们认为是上帝使然，也就是说，这些人认为，他们自己就应该是先生和太太，仆人就应该是仆人，这是绝对公正的。他们从来没有怀疑过，仆人对主人的忠诚是一件非常理想的、公正的和公平的事情。当仆人们有机会变得不受剥削、脱离奴仆身份时，他们的愤慨就是我在上面谈到的，当那些高贵的先生太太们的奴隶突然造反时，所表现出来的那样。

"这是不对的，这是不合适的。"他们可能还会说，"这是非常丑陋和肮脏的、非常令人沮丧的，人们不应该这样"。

实际上，这些人所描述的是能够完全适应环境的"好奴隶"，换句话说，他们愿意为奴，而且非常适应或完全适应了这种环境，他们的敌意要么已经消失，要么已经被压制得很深，表面上不再有任何迹象。但在一个民主社会里，这种人恰恰应该让我们感到沮丧而不是开心，这种人是导致人性的创造性、发展和自我实现不能最大化发展的消极因素。就像精神病一方面可以被看作罪恶和邪恶以及人类弱点形成的标志，另一方面也可以看作一个受惊吓的人向健康、自我实现方向发展的间接抗争，上述全部内容也适用于处于恶劣工业环境中的工人们的反应——他可能会以各种偷偷摸摸的方式表现出自己被剥夺人权的愤怒，但这些基本上是对他感到恐惧而不是对他缺乏发展前途的证明。如果表现出敌意，那么就表明了他想摆脱这种情况。或者说，当尊严受到攻击时，愤怒的反应本身就是对人类需要尊严的一种验证。

那么，需要研究的问题是："我们怎样才能避免组织环境削弱人的尊严，以及减少伤害他人尊严事件发生的可能性？"在企业中，我们应该如何消除那些不可避免的情况，如装配线（这会使工人丧失自由），以尽可能地保留工人的尊严和自尊？

# 第十一章

## 管理是一种心理学实验

这里有足够的可用数据、足够的行业经验，以及足够的关于人类动机的临床心理学数据，可以让我们冒险尝试 Y 理论管理的实验。但我们要记住，这将是一种试点实验，原因很简单，实验的数据肯定不是最终数据，不能令人完全信服。正如事实所证明的，许多学者和管理者仍然怀疑该实验所涉及的整个思路的有效性，这并不是完全武断的。他们确实给出了证据、经验、数据来反对新型管理方式。因此，我们也必须非常清楚，我们需要大量的数据，因为很多问题的答案还没有出现。

例如，这种新型管理的整个哲学可以被看作一种信念的表达，即对人性的善良、信誉、效率的享受，对知识、尊重等的信仰。但事实是，我们对实际上掌握了某种技术的人、要求了解所有事实和所有实情的人、渴望效率胜过无效率的人所占总人口的比例，并没有准确的量化信息。我们当然知道个别人有这些需求，我们还知道一点关于这些需求将出现的条件，但我们没有大量人口供我们来做调查。例如，有多少人喜欢别人按照他们的想法行事？有多少人是无可救药的威权主义者？

这些都是我们所需要的关键信息，以便对开明管理政策有绝对把握。我们不知道有多少人或多少比例的工作人口愿意参与管理决策，又有多少人不愿意参与管理决策。有多大比例的人认为工作只是他们为了谋生而必须做的一项任务，而他们的兴趣肯定是集中在工作之外的。

一个例子是，妇女从事工作只是因为她必须养活她的孩子。那么完全可以确信，她更愿意选择一份好的和令人愉快的工作，而不是一份烂工作，但她是如何定义烂工作的呢？如果她的生活中心在她的孩子身上而不在她的工作上，那她想参与企业的程度有多大呢？有多大比例的人喜欢专制的老板，喜欢被人指手画脚，不想费心思考？有多大比例的人是看重现实的，觉得计划未来是完全不能理解且很无聊的？有多少人喜欢诚实？人们不想当小偷的趋向有多强烈？我们对身体的惯性或心理的惯性知之甚少。人们到底可以有多懒？什么环境和事物可以让他们不懒？对此，我们一无所知。

我想，对科学事实的最终检验是，能够让那些本性和性格上对任何结论无动于衷的人，都得把结果当作事实来接受。当一个普通的专制主义者能够理解相关问题的信息，然后知道自己的专制主义风格会被视为不受欢迎的、病态的或令人恶心的，并开始尽力摆脱它时，我们就会知道，关于专制主义结构的知识是真正科学的最终事实——只要一个专制者还能够把所有表明他有"病"的证据放在一边置之不理，那么这些事实就不够充分，就不是最终的事实。

毕竟，如果我们对比道格拉斯·麦格雷戈对人性的 X 理论观点来看待整件事，他的结论所依据的大量证据来自我的研究和我关于动机、自我实现等的论文。但我知道，作为最终结论的基础，它们是多么不可靠。我对动机方面的研究来自临床，来自对神经症患者的研究。X 理论在企业环境中的应用需要来自企业研究的支持，但我当然希望看到更多这样的研究，才能最终确信这种从神经症研究到企业劳动研究的延续是合理的。

我对自我实现者的研究的情况也是如此，因为现有研究只有我的可用[57]。抽样调查有很多问题，无论如何，从正常的角度看，它都会被认为是一个糟糕的、不充分的实验。我很愿意承认这一点——因为我有点担心这些我认为还是实验性的结果被各种"热情的"人轻易接受，而这些人实际上应该像我一样对此抱着试探性的态度。这个实验需要重复检验——它需要在其他团体中进行运作，需要很多尚未发现的证据。对于这一理论的支持（当然，有很多这样的支持），主要来自罗杰斯和弗洛姆等心理治疗师的研究。

当然，这意味着从治疗场合到企业应用转变的问题仍需更多检验。它需要被验证为是一种合理的延续。我还可以说，我关于知识需求的论文[93]，关于人的好奇心的论文，实际上也是独一份的。虽然我相信它，坚信自己的结论，但我仍然愿意像一个谨慎的科学家一样承认，它应该由其他人去检验，然后再作为最终结论面世。当我们意识到数据可能存在错误时，我们必须强调进行更多研究和更多实验的必要性。自鸣得意和肯定的态度往往会阻止研究朝着真正正确的方向发展。

另外，我应该明确指出，X 理论管理所依据的证据几乎为零，X 理论的证据甚至比 Y 理论的还要少，因为 X 理论完全依赖于习惯和传统。其大多数支持者说它依赖于长期的经验，但这种说法是毫无价值的，因为这种经验是一种自我，或者至少可以是一种自我满足的预言。也就是说，那些以非科学的理由支持 X 理论的人把它作为一种管理哲学，而其导致的工人行为恰恰是 X 理论所预测的。但事实上以这种 X 理论对待工人，不可能会产生其他类型的行为结果。

综上所述，我认为坚定地相信 Y 理论管理还缺乏充分的根据，但我会马上对其进行补充。如果一个人把在企业情形中得到科学支持进行的所有研究汇总起来，会发现几乎所有研究结果都是 Y 理论的一个版本或另一个版本，除非在细节上和具体的特殊情况下，几乎没有一个研究结果是支持 X 理论哲学的。

对专制人格的研究也是如此。这些研究的结果一般也是支持民主人格的。然而，在一些特定的情况下，专制者会得到更好的结果。例如，在一个过渡期内，一个专制型人格的人作为一个有专制型学生的老师，会比一个民主和坚持宽容的 Y 理论的老师教学效果更好。这也是表明实际上任何一个人，无论在任何情况下都可以发挥某种作用的重要证据。例如，我想到了鲍勃·霍尔特（Bob Holt）对偏执狂性格的适应性价值观念的证明——他表明，这种人往往比正常人更适合做侦探，或者至少他们能做得很好。

这里还有另一个观点，它来自我对梅森·海尔（Mason Haire）《工业实践中的组织理论》（*Organization Theory in Industrial Practice*）一书中，由斯库坦（Scoutten）撰写的那一章。斯库坦提醒我们，只要我们考虑到企业的长期健

康（不仅仅是短期健康）、对民主社会的责任、在个性化的情
况下需要高度发达的工人和管理人员等因素，那么Y理论管
理的必要性就会越来越大。他提到与他有联系的美泰克公司
（Maytag Company），其唯一功能和唯一目标是生产和销售，
对于其他一切，他都认为是不必要的或附属于这两项功能的。
但应该指出的是，这是一种孤立的或较封闭的观点，也就是
说，好像这家公司与社区、环境、社会没有任何关系，也没有
任何债务。在这种情况下，他认为有很多事情是理所当然的，
即便身处一个具有高水平教育、对法律和财产的高度尊重等的
民主社会。他完全忽略了相关因素，如果你把它们包括进去，
那么很明显，公司或企业必须向社会提供某些东西，同时也要
从社会获得某些东西，这就形成了一幅完全不同的画面。斯库
特对企业的描述在专制社会经济中可能非常有效，但如果从民
主社会的角度来看，那就完全行不通了，因为任何企业（事实
上是任何个体）都对整个社会负有义务（在这一点上，可以参
考我关于爱国者和作为爱国者的开明企业家的论述）。

关于企业和社会之间的关系，应该多说几句，特别是如
果我们考虑到如何在百年内保持组织的健康。那么，企业和社
会之间的相互关系就变得明显了。健康的组织需要稳定地提供
相当成熟和受过良好教育的人（不能使用犯罪分子、玩世不恭
者、被宠坏和放纵者、敌对者、好战者、破坏者等，这些人正
是不良社会的产物）。这很像是说一个畸形的社会不能支持健
康的企业，至少从长期发展来看是这样的（虽然在专制社会或

专制企业中，或者在恐惧和饥饿的条件下，时有例外。比如说，我真应该去了解一下今天西班牙能有什么样的出口产品，或者南非的黑人工人过得如何？他们有什么样的产品）。

同样，健康的企业在暴乱和内战、流行病、蓄意破坏或谋杀、阶级斗争或种族斗争的条件下，也确实不能很好地发挥作用。由于这个原因，文化本身也必须是健康的，不能有腐败的条件（政治腐败），也不能有宗教腐败或宗教控制。企业必须自由地以各种方式发展自己，而不妨碍社会的和谐和健康。这也意味着，不应该有太多的政治统治。

实际上，任何企业如果把自己的目标纯粹限制在利润、生产和销售上，都是把我和其他纳税人扔在了一边。我帮助学校、警察部门、消防部门和卫生部门以及其他一切为了维持社会健康而必须存在的机构支付了费用，这些机构为这些企业提供了高水平的工人和管理人员，但只收取很少费用甚至免费。我觉得，为了公平起见，这些企业应该比现在更多地回报社会，也就是说，在培养好公民方面，这些人因为提供了良好的工作环境，从而使其雇员在社会上表现得仁慈、善良、利他，等等。

我再次感受到了制定某种合乎道德伦理的核算系统的必要性，无论这项工作有多么困难。这样的一个系统，应给予那些帮助改进了整个社会、当地民众，以及通过促进个体民主来帮助改进了民主的企业税收抵免。对于那些破坏政治民主、良好学校等效果的企业，以及那些使其人民更加偏执、更加敌对、更加令人讨厌、更加恶毒、更加具有破坏性的企业，应该进行某种税收处罚。因为这就像是对整个社会的破坏，应该让它们为此付出代价。

部分情况下，必须由会计师尝试找出一些方法，将无形的人员价值列入资产负债表，这类价值来自提高工人的人格水平，使他们能更好地合作，更好地工作，减少破坏性，等等。雇用这类人员确实要有一些费用——要花钱培训和教导他们，把他们打造成一个好的团队，另外还有让企业对这类工人和工程师有吸引力的各种其他费用，等等。所有这些费用和精力的付出都应该以某种方式转化为会计术语，以便使有助于改善整个社会的企业的价值能够以某种方式列入资产负债表。比如说，我们都知道，这样的企业信贷风险更小，贷款银行会考虑到这一点，投资者也会如此。唯一不考虑这些事情的是会计师。

# 第十二章

## 开明管理是爱国主义的一种表现形式

这是一个如何与那些对新的管理原则无知、怀疑或敌对的人沟通的问题，这些管理原则是基于对人性中潜能的理解。这事关如何教授和传达这种管理的最终目标。我想我会用不同的方式对不同的人说：这取决于他们的价值观和他们认为什么是最重要的。

例如，对于爱国的美国人（指在原义的和正确的意义上，而不是美国革命组织或美国军团、约翰·伯奇主义分子或其他什么人——我们必须把爱国者这个词从滥用它的人那里收回来，并赋予它最初的含义），如果能指出这种新型管理是一种爱国主义，是将对国家的爱和对美国人的爱应用于企业和工作环境中的一种形式，那将是激动人心的。如果民主的、政治的哲学在某种程度上还意味着什么，那么开明管理可以被认为是应用于工作情境的民主哲学。还要强调一个开明的企业所做的贡献，如造就更民主、更慈善的公民，或破坏性更小的公民，等等。

从更广泛的意义上说民主的存在，绝对需要能够独立思考，做出自己判断的人，需要能够为自己投票的人，也就是说，需要能够管理自己并有助于管理自己国家的人。专制的企业恰恰与此相反，而民主的企业正是这样做的。摧毁民主社会的最好方式不仅通过政治专制主义，还通过工业专制主义，这是最深层意义上的反民主。因此，任何一个真正想帮助自己国家的人，一个想献身于国家的人，一个愿意为国家牺牲、愿意为国家的进步承担责任的人，如果他的思维合乎逻辑的话，就必须把这一整套哲学带进他的工作和生活。这事关新的产业和管理形式。

对人们而言，信仰宗教是非常严肃的，其对待类似事情也是可能持有这种看法的。开明管理是认真、深刻、深入、严肃地对待宗教的一种方式。当然，对于那些把宗教定义为在星期天去一个特定的建筑物里听重复诵经的人来说，这两者是完全不相干的，是无关紧要的。但对于那些不仅仅将宗教看作超自然现象、仪式、典礼或教条，而是从人类关心的问题、道德伦理问题、人与自然的关系、人类的未来等问题的角度来定义宗教的人来说，将这种哲学转化为工作和生活，就很像新型的管理和组织理念。几年前，当这些事情可以毫不脸红地公开时，人们会说，开明管理是有限的人类试图以最好的方式在地球上创造美好的生活或在地球上建立一个天堂般的社会。

对于社会心理学家和社会理论家来说，这种新哲学是对旧的乌托邦和一般的乌托邦思想的改进。过去所有的乌托邦，或者至少是大多数乌托邦存在的问题在于，它们往往逃离复杂的文明世界，实际上是试图逃离社会，而不是试图以任何方式帮助或治愈社会。当然，我们无法逃避工业化和社会的复杂性。如果我们都回到农场的那种哲学，那么3/4的人类将在一两年内死亡。只要工业化仍然存在，布鲁克农场①那样的乌托邦就再

---

① 1841—1846年在美国马萨诸塞州办的一个空想主义农场。——译者注

也不可能了。对于少数被选中的人来说，回到农场可能是正确的，但对于整个人类来说肯定是不可行的。我们将不得不建立工厂，而不是逃离工厂。因此，开明管理的社会心理学思想可以被看作在接受工业而不是拒绝工业的条件下的乌托邦思想。

就军队而言，情况可能不像上述那些情形那么清楚和简单，但仍有一些案例。我所提到的应该可以总结为民主军队，1962 年的民主社会越来越向着要求每个人都成为将军的局面发展——比如，对孤立的喷气式战斗机飞行员，这已成为事实。还有许多其他情况，也是由一个人或人数非常少的群体独自作战，并独自承担责任。当然，专制的人不能像完全民主的人那样做到这一点（我想）。

我想我还要强调说服军方确信让每个士兵都成为美国大使的必要性，也就是说，我对军事僵局也会采取同样的态度。整个冷战可能变成一种非军事性的竞争，以争取全世界中立者的友谊。因此，士兵将不得不努力去赢得其他人的爱和"尊重"。我还想强调的是，在军事情形中要求权威性和盲目服从的程度高于整个社会中任何其他机构所要求的，这在政治上和国际上都是一种真正的危险，因为我们的军队专制一直倾向于站在"独裁者"一方，而不是站在全世界的人民革命运动一方。也就是说，我会向他们指出，由于他们自身的特殊情况和特殊职业义务的要求，军队有可能变得反民主，就像警察和侦探比其他职业的人更容易变得偏执一样。

最后，我想我会向军方强调，在为全国人民提供一般军事服务所涉及的大量工时，以及浪费这些数百万甚至数十亿小时的愚蠢性，这些时间本可以用于教育，用于社会服务，用于各种心理治疗和促进发展的活动，以培养更好的公民。也许，仔细研究那些将自己变成兄弟会的军事团体，如梅里尔突击队[①]和其他特殊服务团体，将专制的等级制度推到一边，这有利于成员参与管理。在对这种事实的研究中，只需提出假设，对于某些类型的紧密型军事单位，开明管理的原则比经典的专制军事原则更好。

关于与教育学家和教育管理者的沟通，我想我会采取这样的做法。首先，可以从促进成长管理或专制管理的角度来看待教育。那么，我们就可以运用大量的研究，证明富有同情心、乐于助人、友好、利他主义、民主等的工头和主管会取得更好的结果。在教育方面也是如此。一个具有讽刺意味的事实是，在工业领域做了这么多的研究（可能是因为资金容易获得或者其他钱财方面的因素），而在教育系统中却很少做同样的研究。我们几乎没有关于优秀老师和差老师的比较结果的数据。当然，这一点应该得到纠正，整个进步教育的问题最好得到重新审视，因为从管理哲学的角度来看，进步教育很像参与性管理政策。教育已经在语义误解和政治冷战的纠缠中迷失了方向，变得一团糟。

---

① 第二次世界大战期间在中国—缅甸—印度战区由美国陆军将领梅里尔指挥的队伍，以擅长丛林战著称。——译者注

　　此外，我还要向教育工作者强调，普通教育和专业培训（即技能的获得）之间的鲜明区别。前者的主要目标是使人们成为更好的公民、更幸福的人、更好更成熟和更高度发展的人；后者的目标仅仅是造就优秀的技术人员，这是一项不属于道德范畴的事业，在专制社会中，其进行方式可能与在民主社会中差不多。前者显示了两种社会，即专制社会和民主社会的目标有多么明显的区别。在专制社会中，自由、自主、自给自足、好奇心、自由探索、自由质疑都是非常危险的。当然，在民主社会中，它们恰恰相反，也就是说，它们是非常理想且可行的，甚至是必要的。

　　今天教育的问题，就像许多其他美国机构一样，没有人清楚教育的目标和最终目的是什么。一旦民主教育的目标被明确提出，那么所有的问题都会在一夜之间被解决。在这里，我们必须非常大胆地认识到，一旦我们抛开技术培训的问题，就只能向心理健康方面发展了。也就是说，教育必须是优心的，否则就不是民主的。

　　我认为，可以通过这种方式来传达开明管理的要点和最终目标，这是一种非常有效的方式。如果在一个由 100 人组成的集体中，大家成为合作伙伴并将自己的储蓄都投资于一项事业中，而且投票时他们每个人都有一票，这样他们就会认为自己既是工人又是老板，企业与每个人的关系就会与老板雇佣帮手的经典模式截然不同。这个例子也类似于一群爱国者在战争中共同对抗外部敌人的情形。在这两种情况下，任何人都要做必须做的任何事情。

例如，在突出部战役[①]中，出现了紧急情况，美国军队的各个军种完全崩溃了。医生、面包师、司机、卡车司机、牙医，所有这些人在紧急情况下都被要求拿着枪去战斗——所有的专业界限都被打破了。每个人都突然变成了一个全靠自己的美国军人。同样，任何合作伙伴都会在企业的某个部门发生紧急情况，而他碰巧在离紧急情况发生地最近的情况下承担起责任。例如，他们中的任何一个人，如果看到火灾发生，就会立即去救火，而不会对这件事进行投票或做任何类似的事情。他会立即对情况的客观要求做出反应，对事实的需求特性做出反应，而不会考虑利益之间的相互排斥，以及他的合同是否要求他这样做，等等。

现在的关键问题在于，所有关于开明管理和人本管理的实验都可以从这个角度来看，在这种兄弟关系的情况下，每个人都会成为合作伙伴而不是一个雇员。他往往更倾向于像合作伙伴一样思考，像合作伙伴一样行动；他倾向于把整个企业的所有责任放在自己的肩上；他倾向于自愿和自动地承担紧急情况下可能需要的各种企业职能的责任。合作伙伴关系与协同作用是一样的，也就是承认对方的利益和自己的利益相融合、汇集和联合，而不是保持分离、对立或相互排斥。

如果能证明合作伙伴关系是真实的、有根据的或在科学上

---

① 第二次世界大战中的战役之一。——译者注

正确无误的，那么人们就更容易表现得像伙伴一样，而这正是大家所希望的，也是在事实上、经济上、政治上更理想的，无论是对个人还是对企业，甚至是对整个社会。也就是说，与某人成为兄弟，而不是相互排斥，对个人是有利的。在这里，我们可以用欧洲共同市场的例子来说明，从相互排斥和假设利益对立，到兄弟关系的共同利益、协同作用，这种转变意味着什么。

16 世纪至 18 世纪，白人和印第安人在北美洲这片大陆上的对比，结论也是如此。印第安人之所以失败，部分原因是他们永远无法团结起来，永远无法建立真正的联盟，因为他们把对方视为敌人或对手，而不是对抗共同敌人的兄弟；而白人则倾向于团结在一起，相互坦诚以待，例如，13 个殖民地组成了统一的美利坚合众国。如果人们把以前这种相互排斥的过程称为"巴尔干化"①，如果有人问，我们有独立的 50 个州而不是一个国家中的 50 个州，情况会怎样？那么人们就可以把目前的工业情况说成是一种经济上的"巴尔干化"。在以这种讨论作为背景，也许即使是专制者也能看到采取协同的态度比"巴尔干化"的有利。

---

① "巴尔干化"：地方政权等在诸多地方之间的分割，及其所产生的地方政府体制下的分裂，即碎片化。——译者注

# 第十三章
# 心理健康与优秀管理者、主管、领班等人的
# 特征之间的关系——读利克特著作有感

伦西斯·利克特（Rensis Likert）的《管理的新模式》（*New Patterns of Management*）的前几章，以及我读过的其他几本以管理为主题的书中普遍存在的问题是，它们似乎都忽略了自己所谈论的东西和心理健康的一般概念之间的明确关系。例如，我做了一个小游戏，在利克特的《管理的新模式》的前几章中勾选所有根据经验发现的优秀管理者的特征，这些管理者来自生产力更高的企业，或者是在其他方面更优秀的工人群体的管理者，其特征包括较高的营业额、较低的病假率等。列出所有这些特征，然后把出现在资质平平的管理者身上所发现的特征放在另一栏中，这就构成了一个明显的心理健康和心理疾病的模式。我想我日后会试着更仔细地做这件事儿，但这些模式已经变得非常清晰，非常明显。

这种关系使利克特的发现也与许多其他思考产生了关联。例如，我想再考虑一下将政治和政府视为一种管理问题加以思考的可能性，然后将科学视为一个以特殊方式管理的大型企业，可以说，学院和大学——它们的"管理"非常糟糕，这对我来说已经很清楚了。

此外，这些关于管理的讨论可以与整个心理健康、个人成长、心理治疗、协同作用、理论社会心理学以及天知道还有什么其他领域的文献联系起来。

当我试图思考这些问题时，很快就发觉必须马上把纯理论纳入考虑范围。例如，我们的讨论是一种整体思维，或者说是有机思维，在这种思维中，一切都与其他事物相关。我们思考问题不再像是一连串的环节，也不像是一连串的因果关系，而是类似于一个蜘蛛网或者大的网格穹顶，每一个小部分之间都息息相关。看待一切的最好方法是将整个事情视为一个大统一体。也许，我以后会尝试这种思维方式，但现在我想我要做的是一个又一个地尝试自由联想。

比如，优秀的政治家和优秀的国务活动家不也是优秀的管理者吗？这就提出了一个关于水平的严肃问题。因为可以说，只有在环境好的时候，好的政治家（诚实是可能的，当人们是正派的，等等）才是优秀的管理者；当人们是坏的、不成熟的或精神变态的时候，他们不可能成为一个优秀的政治家和优秀的国务活动家。但也不完全是这样的，因为就这样来说，一个优秀的政治家、一个优秀的经理或一个优秀的主管，也可以在尽人事职责方面和在成功的环境下被认为是优秀的。优秀的政治家用他所拥有的资源尽其所能，或者在向对群众有利的方向上带领群众前进了一两步，在这个情境中，他们是"优秀的"，尽管他们自己并没有意识到。

提出这个关于优秀的政治家和平庸的政治家，与环境的好坏程度有关系的论题是必要的，原因之一是我在许多关于增长或开明管理政策的文章中发现了一些脱离了实际的东西。许多作者说得好像这种新的管理政策在某种"柏拉图式"的意义上是"好的"（以一种绝对的方式——言下之意就是它一直会这么好）。因此，人们忽视了应用这些政策的情况。或者换个说法，人们往往忽略了一点，即好的管理政策在实用上是好的，在功能上是好的，它们比旧的管理方式能产生更好的结果。也就是说，就本质上讲，开明管理政策这个事物本身不被认为是好的，因为上帝是这么说的，它之所以好是因为它发挥了更好的作用，可以提高生产力，或产出更好质量的产品，或在民主公民的更大发展等方面证明了自己的价值观念。如果我们牢记这一点，那么我们肯定不会完全坚信这些管理政策，我们也不会把它们当作本身就很好，而不考虑其条件与后果。

我的看法是，这些新Y理论的开明管理政策在今天的美国其实是非常适用的，在特定的文化环境下，在民主制度下，公民都是相当健康、成熟和自主的。但是，假设有某种原子弹爆炸灾难、鼠疫或诸如此类的事情发生，情况就会改变，人们就得生活在丛林法则之下。那么，那时候什么才是好的管理政策？很明显，这将完全不同于现在。我们现在所认为的好的管理政策将是绝对愚蠢和有害的。根据Y理论，你可以在一个富裕的社会中信任人们，因为那里有大量的金钱、大量的商品和大量的食物，但显然，当大多数人都在挨饿，或者没有足够的食物可供分配时，你显然不能信任拥有储藏室钥匙的人。那么在这种情况下，我会怎么做呢？嗯，我自己心里很清楚。如果有100个人，有10个人的食物，而这100个人中有90个人不得不死，那么我就会千方百计地确保自己不会是这90人中的一个，而且我很确定我的道德和伦理观等会发生非常大的变化，以适应丛林法则，而不是像以前拥有大量财富的时候，尽管那些原则曾经很好地起过作用。

我在阅读关于管理的文章时，隐约感到了不安的地方是，某种虔诚，某些半宗教的态度，一种不假思索的、不合理的、先验的"自由主义"，它们经常作为一种决定因素，从而在某种程度上破坏了对实际、现实情况的客观要求保持必要敏感的可能性。最符合客观环境要求的管理政策就是最好的。这种方法有强烈的实用主义色彩，但它也是典型的韦特海默（Werthcimer）和卡托纳（Katona）式格式塔心理学 [ M.Henle（Ed.）]。其中最好的思维方式、最好的问题解决方案，取决于对问题情况本身的良好看法，能够客观地看待它，没有期望，没有预设，没有任何先验的思维，而只是在这个词的最纯粹的意义上，客观地看待它——就像只有神能够看到它，而不被偏见、恐惧、希望、愿望、个人利益或任何类似的事物决定。事实上，这是观察所有情形的最佳方式，也是看待任何需要解决的问题的最佳方式。要解决的问题是摆在我们眼前的问题，而不是根据过去的经验隐藏在我们大脑中某个地方的问题——那不是今天的问题，而是昨天的问题。

顺便说一句，我不妨把这句话作为一个一般原则。我对管理学、组织学和领导学文献中的几十种说法做了几十条注释，在我看来，这些说法由于对上述特定理论的虔诚和忠诚（就像无论如何都只能为一个政党的候选人投票），多少有些走样儿。我想，一个几乎可以涵盖我心中所有批评意见的表述是"符合客观情况的客观要求"。这既关乎客观的认知（最好写一些关于 B- 认知的论述），也关乎符合环境客观要求的适当行为（写一些关于自发性、创造性的论述，等等）。

回到原来的问题，我认为开明管理可以在几个不同的领域得到应用以及经验上的支持。例如，我们有相当多的与各类学生相关的教育政策（教育管理）的数据。我认为可以这样说：我们知道，对待第二次世界大战后德国出现的思想专制的学生，需要用与教育和管理同龄的普通美国学生非常不同的管理方式。专制主义的学生更喜欢，也更需要专制的教师，而任何其他类型的教师都被认为不是他们真正的教师，这些教师会被捉弄，使场面失去控制，等等。

对待专制者的正确做法是把他们当作彻头彻尾的坏蛋，然后像对待坏蛋一样对待他们。这是对待坏蛋的唯一可行的方式。如果一个人对他们微笑，认为信任他们并把储藏室的钥匙交给他们就能突然感化他们，那么即将发生的一切就是银子被偷，而且他们会蔑视"软弱"的美国人，把这些人视为没有骨气、愚蠢、没有男子气概的绵羊来利用。我发现，每当我遇到专制的学生时，我用过最好的办法就是立即把他们压得喘不过气来，也就是立即树立我的权威，让他们吓一跳，甚至以某种方式拍打他们的头，要非常清楚地表明现在谁才是"老板"。一旦权威被接受，也只有在那时，我才会教导他们，一个老板，一个强壮的人，一个有拳头的人，也可能是善良的、温和的、放任的、值得信任的，等等。而且毫无疑问的是，如果专制病还没有太严重，这种管理实际上会改变这些人的世界观和性格，引导他们，至少是其中一部分人，朝着民主而非专制的方向发展。

同样的事情也适用于商业场景。我们向美国工人提供了政治民主和富裕的环境，他们可以让老板走开，如果他们不喜欢他们的工作，也可以去找另一份工作。但是，如果是一些只生活在他人控制下的人，他们的世界里只有狼和羊，而且他们很清楚自己是羊而不是狼，那么很明显，X 理论是现实中所被需要的管理——至少目前是这样，直到工人们觉得他们的性格可以被改造，能够在值得信任、珍视诚实、自主等条件下生活得很好时，X 理论才会缓慢而微妙地转变为 Y 理论管理。

类似的情况在民主政治理论中也有。美国人把他们的政治技术全盘搬到比利时或刚果是愚蠢的，因为那里的条件不同（历史不同、作为个体的人不同、政治结构也不同，等等），而政治形式需要各种先决条件（教育水平、期望水平、各种哲学，等等）。我们所理解的民主在当今世界的许多情况下根本行不通，随便看一眼报纸就能证明。采用另一种管理政策是必要的，尽管我们的目标是输出民主的环境——这是一个过渡性管理的问题（一种变革管理），事关从 X 理论向 Y 理论的转变。

在更广阔的意义上，对于管理家庭、夫妻关系、朋友关系等，在这些情况中的每一种管理政策都是最有效的政策。为了找出这一点，需要充分的客观性，没有先验的预设或虔诚的期望。现实的认识是现实的行为的前提，而现实的行为是良好结果的前提。

# 第十四章

# 关于心理健康与优秀管理者特征之间关系的
# 进一步说明——读利克特著作有感

一般来说，利克特所说的和所证明的是，在他所报告的研究情况下，也就是在美国，从注重实际的观点来看，开明管理最有效。我想一个人可以得出这个结论并且说美国的管理似乎比其他国家的管理要好，原因也是一样的，就是因为它发挥了作用。现在，在这里，一个现实的说法会很清楚地指出，美国管理的好坏是有范围的。利克特报告的大多数实验都是将优秀的美国经理与差劲的美国经理进行比较，优秀的和差劲的是根据实际生产率、工人满意度、流动率、病假率、缺勤率、劳工纠纷率等评判的。

现在，科学地处理这个问题的一个简单技术是传统的重复过程，即通过逐步完善和净化，反复挑选，找出优秀的人。例如，我构建自尊和情绪安全的人格测试法[25][53]。我所做的是，先按照当时最严格的标准（这些标准当然不是很好的），尽力挑选出极度稳定的人和极度不稳定的人。其次，我尽可能深入地研究这两组人，将他们相互比较，然后在这项研究的基础上，列出性格表，并对情绪稳定和不安全的定义进行改进。

再次，我用经过改进的新定义再次审视人群以求完善新定义。也就是说，根据我的新定义，不稳定群体中的一些人不是那么不稳定，稳定群体中的一些人不是那么完全稳定，还有一些被我忽略的人很可能属于极端群体。一旦这样做了，新的分类形成了，我就可以以完全相同的方式再次研究它们，而这个研究过程又使我最终获得了对群体特征的改进和更精细的定义及描述。然后根据新定义和更完备的知识，我可以再次构思极端的群体，然后研究它们，如此反复，一直朝着一个更纯粹的"产品"前进。这有点像居里夫人为了最终得到铀而提炼沥青铀矿时所采用的技术。

好吧，把这些命题一个个列出来，这样就可以建立起有相关性的连接网。

（1）在美国的研究情形下，最好的经理似乎比同一研究中较差的经理在心理上更健康。这一点很容易得到利克特数据的支持。

（2）最好的管理者提高了他们所管理的工人的健康水平。他们通过两种方式做到的这一点：一种是通过满足安全感、归属感、与非正式群体的感情和友好关系等声望需求、自尊需求等基本需求；另一种是通过满足对真、善、美、正义、完美和法律等的元动机或元需求。也就是说，一旦工人的高层次需求首先得到充分满足，开明管理就会通过基本需求和元需求的满足这两种方式来提高工人的健康水平[89]。

（3）工人越健康，他们从开明管理中获得的心理上的利益就越多，进而他们就会更加健康。这完全遵循了洞察力疗法的平行关系，即最健康的人是最能从洞察力疗法中获利的人，因为他们是最坚强的人，最不敏感的人，最不偏执和怀疑的人，等等。也就是说，健康的人有更宽阔坚实的肩膀，可以承受更重的焦虑、压力、责任、抑郁和对自尊的威胁，并利用这些来达到良好的目的，使自己更坚强。病态或神经质的人在这些相同的压力下往往会崩溃，而不是变得更强大。这个观点有助于描述我的"大陆分水岭"原理。我用这个原则来描述这样一个事实：如果人们一开始就太软弱，无法承受压力，那么压力就会把他们完全击垮；如果他们一开始就已经足够强大，可以承受压力，对于同样的压力，他们能安然无恙地度过的话，那么这些压力就会使他们变得更强大。一般来说，这个原则对于战场上的外科医生也大体适用：有太多病人需要治疗的医生会与病得最严重的人"擦肩而过"，因为那些人可能会失去生命，医生选择不理睬他们，以便把自己仅有的一点治疗时间给那些最有可能康复和获得健康的人。当然，这看起来是一件无情和残酷的事情，但这就是战场上的医疗原则。对于一个只有 5 小时时间的医生来说，把这 5 小时全部用来保住一个生存机会很小的人，而不是用于给 50 个可以康复的人治疗，绝对是愚蠢的。

（4）当我们朝着开明的管理政策、开明的管理者、开明的工人和开明的组织发展时，我们也需要发展协同作用的相关理论（对协同作用的解释需要单独且全面地阐述[103]）。

（5）任何走向社会协同的行为也向开明的管理政策、开明的管理者、开明的工人和开明的组织发展（在此详细阐述感知者和世界之间的同构性[104]，或人和环境之间的同构性，指出每个人对另一个人都有反馈，每个人都影响着另一个人）。人越是融合，就越能感知到世界的融合。同时，世界变得越融合，个人就越有可能变得融合。

（6）任何一个人的内部心理协同作用的增加，都会使其他人的协同作用增加，同时也会使社会、组织、团队等的协同作用增加（这和上一段说得差不多，只是方式不同，可能更容易通过实验来获得检验）。

（7）更好的人和更好的团体是互为因果的，更好的团体和更好的社会也是互为因果的。也就是说，一个更好的个人往往会使他所在的团体变得更好。而且，一个团体越好，它就越倾向于改善团体中的个人。对大社会中的团体而言，也是如此，他们互相影响着。一个简单的说法，可以引用歌德的话："如果世界上每个人都打扫自家的院子，那么整个世界都会变得干净。"或者也可以说，在任何情况下，每个人都会在精神上影响与其交往的任何人[32]。

（8）总的来说，心理健康和麦格雷戈的 Y 理论管理之间存在着一种相互的关系。这就是说，健康的人在管理政策上往往是自发地、本能地支持 Y 理论，而那些生病的人在他们的管理政策中更倾向于 X 理论。此外，那些按 Y 理论运作的人，经检查后会发现他们的心理比按 X 理论运作的人更健康。

（9）那些心理更健康的人、按照 Y 理论生活的人以及在良好环境下的最佳管理者，是完全相同的人，他们会自发地使自己具有协同作用，会为他们所管理的人构建一个发挥协同作用的环境（参考关于协同作用的更全面的论述[103]，重点看善的有限论和善的无限论之间的对比，以及协同作用与相互排斥和利益对立之间的对比）。

（10）在这里，我们也有一个相互关联的网络：社会越好，生产力越好；管理者越好，个人的心理越健康；领导者越好，管理者越好；个人越好，企业越好，等等。当然，通过参与，这些变量的所有决定因素都会更好。例如，更好的社会中的任何一个决定性因素越好，一切都会越好。比如，拥有一个好的教育系统，那么其他相关的一切就会发展得更好，能够提高一个人心理健康的一切都有助于改善社会、管理者、领导者、企业、生产力，等等。这意味着，增加优秀的精神病学家的数量是所有这些进步的决定性因素。

将前述有关管理政策和组织理论、领导力政策等的讨论放在一个更大的背景下，置于社区、国家甚至在联合国的背景下，事情会变得有些不同。一般来说，我们可以说，管理理论大致可以强调两种产品、两种后果：一种是经济生产力、产品的质量、盈利等；另一种是关于人的"产品"，即工人的心理健康，他们的自我实现的发展，以及他们在安全感、归属感、忠诚度、爱的能力、自尊等方面的提高。

在国际舞台上，特别是像今天这样冷战仍在持续的情况下，后者的重要性不言而喻。我之所以这样认为，是因为总的来说，我的期望是不会再有一场"热战"，不会有炸弹投下来。目前的军事僵局有可能会继续下去，因为双方都太害怕僵局不能持续下去。如果是这样的话，那么直接的后果就是整个军队的重要性变得次要了。他们能做的只是维持着一种牵制现状，齐头并进——可以说，实际上是防止他们的资源用尽。军队的主要职能，直白地说，事实上是防止战争，而不是发动战争。

话又说回来，如果真是这样的话，公众思维的巨大变化是必要的，特别是与苏联和美国之间的竞争有关。在这场竞赛中，他们不可能保持势均力敌，迟早会有一个国家走在前面。但是，一个国家将如何领先？如果我们把战争作为一种可能性排除在外，如何使领先成为可能呢？嗯，很明显，这将是就管理政策的两组后果而言的：一方面是更好的钢笔、更好的汽车和更好的收音机。在这方面，美国远远领先于苏联，因为我们的钢笔、汽车和收音机在全世界都受到尊重和欢迎，而苏联的则不然；另一方面是人的因素，这也同样重要，而且我认为从长远来看，这是更加重要的。问题是，苏联和美国谁会更受中立国的喜爱和尊重呢？除了人们作为世界各地游客的所闻所见，以及从报纸上读到的关于"美国内部发生的事情"的内容，该如何评判呢？实际上，这还意味着——将由培养出更多优秀类型的人的国家赢得冷战。

现在 Y 理论管理（或优心管理）肯定会培养出比在 X 理论或专制管理下更好、更健康、更可爱、更值得尊重、更有吸引力、更友好、更善良、更无私、更令人钦佩的人。我的印象是（毫无根据的），美国人在全世界都很受欢迎，德国人就不是，尤其是那些在老式专制政权下长大的德国人（纳粹分子是最不受欢迎的人）。我没有任何关于苏联游客、访客以及外交官等在中立国受欢迎程度的信息（顺便说一句，对于前述情况，我们没有相关信息，这太疯狂，太荒唐了。这些信息对于让我们了解事情的进展非常重要，就像了解苏联有多少艘潜艇一样重要）。因此，我想说，关于管理、组织和工业的理论讨论，来自教授、研究人员、哲学家的讨论，当然应该包括对管理风格这一因素的认真分析。

利克特的报告列举了莫尔斯（Morse）对专制管理和参与管理的实验。实验证明，生产力的上升程度在专制制度下略有提高，但随后，正如他指出的，与人相关的各种变量在参与式管理下都得到了改善，但没有被纳入会计系统。在对国际背景、冷战和以管理培养人的讨论中，这是应该被考虑的。不久，我会拿出时间来思考现在的会计制度是多么愚蠢，因为它们几乎遗漏了所有重要的个人、心理、政治、教育等无形因素，所以我最好不要在这个时候讨论这事儿。总之，在我要谈到的"道德经济学"和"道德会计学"中［我主要是从沃尔特·威斯克普夫（Walter Weisskopf）和鲍勃·哈特曼（Bob Hartman）那里学到的］，这些考虑会使不同的结果出现在莫尔斯的实验中。的确，它们确实提高了一点生产率，但从长远来看，这是以巨大的人力成本为代价的，甚至也是以生产力成本和我在这里谈论的所有政治因素为代价的，正确的会计制度会指出专制制度是绝对疯狂的，绝对低劣的。

（11）我试图把所有这些相互关系的网络变成可检验、可证实或可证伪的单一关系的形式，因此，我以科学而不是哲学的方式来表述它们。我认为，在自我实现的人身上，在心理治疗的成功产品中，或在以任何其他方式衡量的心理健康的人身上，研究发现的任何特征，都可以用另一种方式说明。如果列出这样一个特征清单，相对较差的管理者，这些特征中的每一个都会大概率在较好的管理者身上被发现（这里较好和较差是指生产力等方面的实际结果）。当然，也可以根据人的结果及管理者和工人的自我实现的发展方面来定义更好和更差。

因为以上因素都是可控的变量，可以采用经典的实验设计，例如，通过心理治疗、敏感性训练、集体治疗或任何其他形式的治疗，谨慎地改变变量是可能的，比方说，良好的倾听能力（这当然是心理健康的一个特征）。随着对这个能力进行刺激并控制变量可以检查其对任何一个特征，即对更高的生产率或更好的人的结果的一组特征中任何一个特征的影响。举个例子，我们可以谈论病假或产品质量差的问题，然后，假设会采取这样的形式——任何倾听能力的提高都会使病假率降低、浪费数量降低、产品质量提高。在这个特性层次上，可以提出数百种假设。

为了理解上述提到的全部内容，意识到整体或有机思维与原子或不相关联思维之间的差异是必要的。换句话说，这里应该有一个关于共存物动力学的解释，应该用我在《动机与人格》（*Motivation and personality*）第 3 章中所提到的共存物动力学来解释，也可以用我在该章提到的套叠盒式关系来解释。我会对这些问题进行口述，所以让这个说明作为其他那些随笔的参考——关于共存物动力学和整体论的，关于层次整合的，还有关于协同作用的简单论述。

# 第十五章

## 关于开明管理

请注意达夫（Dove）关于优等鸡的实验和关于高级主管的新文献之间的相似之处。在鸡的实验中，人们发现优等鸡在各方面都很优越，即它们有更健康的羽毛和更健康的鸡冠，它们下的蛋更好，而且更多，它们体型更强壮，它们可以优先啄食，而且，它们会自发地选择更好的饮食以促进身体健康。当这种由优等鸡选择的饮食被强加给劣等鸡时，在一定程度上改善了劣等鸡的上述所有特性。也就是说，它们变得更强壮了，可以下更好的蛋；它们在鸡群中的地位提高了，甚至有了更多的交配机会，等等。但它们在这些特性上的提高从未达到先天优等鸡那样高的水平——提高了 50% 左右。

第一批关于经理人的研究就像这种自然的观察一样。例如，在吉姆·克拉克（Jim Clark）的研究中或利克特著作引用的许多研究中发现，有时一个部门在效益上比另一个部门更好，也就是说，它有更高的生产率、更低的流动率或者有更高的士气等，而这些研究是为了找出造成这种经济优势的因素。几乎在所有这类案例中都会发现，工头或主管对经济上的优势负有责任。高级管理人员所具有的品质已经被大家了解，即更民主、更有同情心、更友好、更乐于助人、更忠诚，等等。也就是说，所有经济效益都是实实在在干出来的，而不是基于先验的、道德的、伦理的或政治的理由。世界上最脱离实际的人也会从这些数据中得出与世界上最讲究实际的人相同的结论：

民主类型的经理能为公司带来更多的利润，也能让每个人更快乐、更健康。

据我所知，虽然有但从未被明确说明的想法是，对于这些踏实肯干的上级主管的行为和态度，应该迫使平庸的下级对其进行模仿，即使这不是他们的自我选择。从字里行间可以读出这样的意思：期望平庸的下级主管会获得与踏实肯干的上级主管相同的结果。因为后者凭直觉和无意识地做了所有这些事情，也就是说，这完全是他们人格的一种表现。

但这仍有待于证实或证伪——它可能是真的，也可能不是真的。首先也是最明显的可能性是，就像那些鸡一样，把优秀管理者的行为强加给平庸的管理者，可能会改善整个情况，但不会一直有所改进，也可能没有丝毫改变，因为也许主管的自发个性才是最重要的，也有可能平庸管理者表现得像优秀的管理者，得到与优秀管理者相同的结果。我们根本无法确定——这是一个需要被研究的问题。

这也提出了各种迷人的理论问题——关于人格、行为、表现力等之间的关系。我们可以说，平庸主管的品质，如专制、充满敌意、虐待倾向等，可能都会被证明是心理病态的一种表现，当然，这些问题是可以被治愈的，而不是任何人内在的、天生的品质。但对此我们仍不了解，需要进一步研究。

根据我对证据的解读，所有使平庸主管低人一等的品质都是神经质的人生经历导致的，因此可以通过心理治疗、教育或良好的工作经验来治愈。这一点还有待证实或证伪。另一点是，所有好的人类品质，也许都是与生俱来的，至少在出生时是如此，但会随着时间逐渐发生扭曲或丧失。也就是说，人类的罪恶是一种后天的或对个人不良待遇的反应。至少这是第三势力心理学家们普遍认同的观点。然而，它还没有被绝对肯定和最终证明，即不管是否喜欢某一种品质，任何人都不得否认它的存在。如果是这样的话，那么向平庸主管讲授他们平庸的原因，在他们面前树立高级主管的榜样，讲述所有相关的研究数据，可能会唤醒他们每个人内心深处的东西，从而使他们自发地将自己重组为更优秀的人。这反过来又会自然而然地意味着成为优秀的、更好的管理者需要根据更好的经济结果，以及需要根据每个人所追求的最大快乐和自我实现。我必须再次指出，要学会如何在所有备选方案中做出选择，唯一途径是通过更多的研究，并对所有这些情况进行更仔细的理论陈述。

# 第十六章
## 开明管理的副产品

　　这里有很多数据表明，一个真正深爱自己孩子的母亲几乎可以以任何方式对待孩子，打骂、斥责等，但孩子可以成长得很好，仿佛重要的是爱的基本态度，而不是具体的行为。至少各种各样关于这种关系的数据可以很清楚地说明这一点。行为不是非常恰当的性格标志，也不是理解人格和态度的恰当标志。任何把行为当成斗篷，像演员那样披在身上的人都会发现，这是根本不会有什么作用的。人们能够在某种程度上有意识或无意识地发现，一个人在演戏，而且感受不到他通过其行为所传达的态度。因此，以同样的方式，我们遇到了一个复杂的情况：即便参加各种课程，阅读各种书籍，接受各种培训，接受各种论据，愿意像一个优秀的主管那样表现，但如果他没有深刻感受到民主、父母之爱、亲情等，可能仍然无法得到想要的结果。

　　这就带来了一个复杂的问题，即某种东西和试图成为某种东西之间的区别。我们在这里涉及一个悖论，即在成为坏东西和成为好东西之间必须有一个过渡。如果一个小偷意识到他是一个小偷，并想成为一个诚实的人，那么他没有其他办法，只能有意识地努力不做小偷，有意识地努力成为一个诚实的人。试图成为一个诚实的人是有意识的，是人为的，不是自发的、自然的，而且可能看起来有些虚伪。这与自发的诚实非常不同，后者是深层性格态度的表达。还有什么别的办法吗？除了努力，没有其他方法可以从一个骗子一下子转变成一个诚实的人。

对组织来说也是如此。除了通过有意识地、人为地、自愿地尝试成为一个民主的监督者这一过渡阶段，专制的监督者没有办法成为一个民主的监督者。这个试图成为民主监督者的人显然与自发成为民主监督者的人有很大不同。我们在这里卷入了各种各样的哲学争论，所以最好谨慎一点。我们很容易鄙视"尝试"的状态，只因为它不是绝对自发的，因此它可能会被拒绝，而这个被拒绝的人没有意识到，除了通过上述的步骤自发地、强烈地努力去成为想成为的人，没有其他可能性。

上述内容的另一种表达方式是这样说的：我们必须努力造就一种特殊的人、一种人格、一种性格甚至一种灵魂，而不是努力表现出直接的、特殊的行为。如果我们谈论塑造一种特殊的人格，就会立刻进入成长理论、人格理论、心理治疗理论等明确的心理学领域，还有弗洛伊德理论的大量内容，因为那是我们必须谈论无意识和行为的各种决定因素，而这些因素是人意识不到的。一般来说，这些无意识的行为决定因素不能被直接影响，我们必须彻底改造人格，实际上是塑造一个不同类型的人（因此，"行为科学"一词并不适合用来描述这一科学领域）。

这种对人的强调，以及随之而来的对作为深层人格副产品的行为的强调，是导致我认为开明管理和开明监督的验证不能仅仅来自企业的行为，不能仅仅来自产品的质量和数量，还必须包括上述这些"副产品"。因此，我认为一种相当实际的测试是，当一家开明企业的工人回到他们的居住社区时，他们会做什么。例如，我希望，如果管理政策真的在促进成长，促进产生更好的个性，那么这些人在他们的社区会变得更加慈善，更愿意帮助别人，更加无私和利他，对不公正现象更加愤慨，更愿意为他们认为是真实和美好的东西而奋斗，等等。这很容易观测，至少在理论上可行。

另外，应该可以收集关于家庭本身的行为变化的数据。真正受到开明管理影响的男人应该成为一个更好的丈夫、更好的父亲和更好的公民。因此，不仅要与他谈话，还要与他的妻子和孩子谈话，这将是一种直接的验证方法。我在这里想起了迪克·琼斯（Dick Jones）的研究，他在一所高中尝试了一年的心理治疗教学，然后通过检查他教过的女生中种族歧视减少的情况，来验证他计划的有效性。他发现种族偏见有所减少，尽管他在一年中甚至没有提到过这个话题——这就是我所说的测量副产品而不是直接测量行为本身。毕竟，对于消极的人或精明的人来说，模仿任何行为或装出任何可能对他们保住饭碗或在任何特定情况下出人头地的行为真是太有必要了。他们可能会按照管理层希望的方式行事，但他们的思想可能完全没有变化。

# 第十七章

## 关于协同作用

协同作用是鲁思·本尼迪克特（Ruth Benedict）在研究原始文化的健康程度时使用的概念，她的基本观点是：有协同作用的机构是有条理的机构，可以使一个只追求自私目的的人自动地帮助其他人；而一个试图利他、帮助其他人且不自私的人，也无意识地得到了好处。也就是说，协同作用是对自私和无私之间二元对分（dichotomy）的一种解决方法，并非常清楚地表明，自私和无私的对立，它们之间的相互排斥，实则是一种文化不发达的表现[103]。我证明了这种情况在一个人的身上会以同样的方式出现，最后的结论是，如果自私和非自私相互排斥，是一个人有轻微心理疾病的标志。

自我实现的人超越了自私和非自私之间的二元对分，这可以通过各种方式表现出来。其一是他们从其他人的快乐中获得快乐。也就是说，他们从别人的快乐中获得自私的快乐（这也是无私的一种方式）。我很久以前举过的一个例子可以用在这里：如果我把草莓喂到我心爱的孩子嘴里，她喜欢吃草莓，她对着草莓呲嘴，我会因此产生一种莫大的快乐，享受着看她吃草莓的乐趣而度过一段美好时光；但如果我自己吃草莓，也一定会给我带来快乐，那么我应该怎么说喂草莓这个行为是自私或不自私？我是在牺牲什么吗？我是利他主义吗？我是自私的吗？我因此快乐了吗？显然，最好的说法是，自私和无私这两个词作为对立面相互排斥的说法是毫无意义的，这两个词已经融合在一起。我的行为既不完全是自私的，也不完全是无私的，或者可以说它既是自私的也是无私的。或者，我更喜欢稍复杂的说法，行动是协同的。也就是说，对我的孩子好的事情就是对我好的，对我好的事情就是对孩子好的，给孩子带来快乐也就是给我带来快乐，给我带来快乐也就是给孩子带来快乐，所有的区别都不复存在了。我们现在可以说，我们两个人合为一体了，在某些功能理论上已经成为一个整体。很多时候是这样的。我们学会了把相爱的妻子和丈夫当作一个整体；对一个人的侮辱就是对另一个人的侮辱；穿在一个人脚上的鞋也会使另一个人的脚感到舒适，等等。

这恰好也是爱的一个相当体面的定义，即两套独立的需求融合成一组单一的需求。或者说，当对方的幸福使我快乐时，或者当我像享受自己的自我实现一样享受对方的自我实现时，或者当"对方"和"我自己"这两个词之间的区别消失时，爱就存在。哪里有共同的财产，哪里就会出现"我们""我们的"等这样的词语。爱的另一个定义是，对方的幸福是我自己幸福的条件。协同作用同样如此，它涉及一种爱的认同。可以说，它意味着在某些方面，在某些特定方面，不同的人可以被相同对待，好像他们是一体的，好像他们被联合、捆绑起来，或被融合成一种新的单位，一种更高级的包括双方在内并将他们混合在一起的新的统一体。

在鲁思·本尼迪克特的最新著作中，她列举了各种民族学的例子。在对黑脚印第安人的研究中，我也得到了大量的例子。泰迪（Teddy Yellowfly）是我的翻译，他是整个部落中唯一受过教育的人，他上过一两年的大学。当泰迪变得富裕时，这对整个部落都是好事。例如，他变得足够富裕，可以买一辆车，这是整个保护区内唯一的汽车。黑脚族的传统习俗是，任何人都可以向部落的任何其他成员借自己所需的东西。实际上，这辆车是属于整个部落的，任何需要它的人都可以拥有它。泰迪自己使用它的次数并不比其他人多（"拥有"这个词不再有任何意义），唯一后果是他要支付汽油等费用。

但是，每个人都为泰迪感到自豪，都认同泰迪，就像我们可能为一个在奥运会上赢得 100 米短跑的美国人感到自豪，或者为我们的城市或大学里有一个伟大的哲学家或科学家感到自豪一样。同样，他们都以泰迪为荣，非常爱他，仰视他，并选举他为酋长，让他几乎成为部落的非正式发言人和领导人。毫无疑问，泰迪喜欢这样，就像我想其他人也会喜欢一样。他从每个人那里得到的尊重和爱，让他深深地感到满足，我从未听到过他抱怨他的车被别人使用，顶多是开几句玩笑。

自私与无私相融合的另一个例子是每年太阳舞会上的"赠予"习俗。在一年中，甚至在之前的几年中，人们会省吃俭用，努力工作，以便在太阳舞会上大展身手。例如，我看到白发酋长在一年中最神圣的时刻，站在整个部落的圈子里，站在太阳舞的茶棚圈子里，发表了一段很长的讲话，我们称之为"吹嘘"，说他自己有多聪明，有多能干，等等，然后以一种非常高傲的姿态，把他身边堆积的毯子和食物，甚至儿童的软饮料等都送了出去，送给了寡妇、老盲人、儿童和青少年等。

他赚的钱越多，工作得越好，他的农场越成功，他养的马越多，对每个人来说就越好。这与我们社会中类似情况下滋生羡慕、嫉妒、怨恨和丧失自尊的趋势形成鲜明对比。当我的叔叔因意外而突然变得富有时，实际上发生的事情是他立即失去了所有亲戚的亲情，任何一个美国人都会明白这是为什么。他的财富并没有给他的任何一位亲戚带来好处，我记得我自己对此很痛心：他有一大笔钱，而我是一个贫困的研究生，他没有以任何方式帮助我。我认为这是非常自私的，我再也没有和他来往了。如果我们是黑脚印第安人，他的财富就会帮助我，而作为美国人，他的财富却没有帮助我。因此，财富使我们成为敌人而不是朋友。

也许在我们自己的社会中，可以使用的一种非个人的例子是累进所得税。一个人赚得越多，他支付的税款就越多，这对我来说可能就越好。当然，这是非常抽象和非个人的——我看不到钱，但事实上，这是真的，因此累进所得税暗含一种协同作用原理，并保证如果一些人创造了财富，会对每个人都有利。这与墨西哥和拉丁美洲其他国家的情况形成了很大的反差，在那里，拥有大量财富的人越多，穷人得到的食物就越少，因为食物的价格会变高。这是因为那里没有所得税，而且富人保留了他们赚到的一切，他们有更多的钱可以消遣，这就抬高了所有商品的价格，使穷人受苦而不是受益。这与累进所得税的好处相比，是一个截然不同的逆协同作用原理的例子。

# 第十八章

# 无限利益的协同原则与无限利益的反协同原则

　　我可以在这里引用的一个心理学例子是弗洛伊德的学说，即个体性欲有限且固定。弗洛伊德认为，一个人只有一定量的爱，这种爱越是用在一个人身上，那么用于其他人身上的就越少。例如，根据他的自恋学说，爱自己的人会更少地去爱别人。这就好比一个人有一笔固定的钱，当其中一部分钱花完了，剩下的钱就更少了。这与弗洛姆、霍尼等人的爱情学说形成了鲜明对比，他们认为至少在良好的情况下，爱情会滋生更多的爱情，爱情的消耗会创造更多的爱情财富。只有当年轻人第一次爱别人而别人也爱他时，他才真正能够爱整个世界。他越爱他的爱人或妻子，他就越能爱他的孩子、朋友以及所有人。

　　另一个例子是在经济领域中对金钱的使用。过去，你有一定数量的资产，尽可能地少花钱，你把它埋在地下，严加看守。只是到了近代，我们才知道，花钱、用钱、投资并不会使它减少，实际上是在增加钱的数量。慷慨可以增加财富，而不是减少财富。我认为，美国商人和南美洲或欧洲商人的态度差异也是如此。后者很容易在他的小杂货店里囤积货物，并以尽可能高的利润出售每件物品。而开明的美国人早就知道，即使利润很少，也要有很高的营业额，这是赚大钱的唯一途径。抠门儿、小气、唠叨的拉丁美洲店主可能会在任何一笔交易中赚大钱，但不可能像美国人那样发大财，比如像亨利·福特那样（Henry Ford）（也许亨利·福特是发明或发现这种为了赚钱而消费、为了积累财富而赠送东西、为了变得更富有而降低价格等理论的人之一）。

利克特的《管理的新模式》中有个研究实例，最后谈到了"影响饼"，说的是同一回事儿。我引用其中的一段话：

另一个广泛持有的观点是，在一家公司或工厂里存在一个固定影响力。因此，如果下级被允许对组织中发生的事情行使更多的影响力，那么上级的影响力就会相应减少。可以这么说，人们认为蛋糕就这么大，如果一些人多吃了，那么其他人就必须少吃。

还有这段话：

这种更好的管理制度，在给人们更大影响的同时，也给高产经理更大的影响。高产经理通过他们使用的领导程序，实际上增加了影响饼的大小。

也就是说，在团队中，你给别人的影响力和权力越大，你自己拥有的就越大。这可以比喻为我们最终必须发展形成的军事形势。也就是说，我们的努力必须是让每个人都成为将军，而不是固守只有一个将军的老旧理论。在一个将军掌管着一整批被他赋予了高度权力的将军的情况下，他会惊讶地发现，他拥有的权力和影响力远远超过了他分配权力之前的水平。可以说，他给予的越多，他所拥有的也就越多。

我们也可以用科学中的慷慨和开放的例子。至少科学家关心的一般教训（如安全管理、科学秘密管理），实际上对美国科学家的危害远大于可能是间谍的苏联科学家——这是一种危害我们自己而不是危害他们的方式。为什么呢？因为科学依赖于慷慨，因为知识孕育着知识。不只是有固定数量的知识，你可以进行传授、分享、分割、囤积和保存，等等。知识本身会滋生知识，这也与商业情况有关，例如，在商业机密的问题上。当我问非线性系统公司的安德鲁·凯，关于他如何处理商业秘密时，他说他没有任何商业秘密，唯一需要保密的是未来的计划，而就生产电压表的实际过程而言，所有的知识都是公开的。他指出，如果有人来复制这些工艺，这对对方没有什么好处，因为不断地改进是好的管理和好的工厂的重要一部分。当模仿者生产出仿制的仪器时，好的工厂早已精进，生产出了更好的东西。人们所能模仿的一切只是产品，而且是一种创造力或良好管理政策的副产品。人们不能模仿创造力或良好的管理政策。

　　或者以另一种迂回的方式说，任何试图自主学习制造好的电压表秘密的人最终都会成为一个非模仿者，并且会发现制造电压表的最佳方式是成为一个有创造力的人，并以独特的方式服务于人类。我想，如果我们让所有的工厂全速运转，并完全公开技术，这实际上会有助于我们社会的经济结构。为什么呢？因为持续的工厂运行过程本身会产生好的工厂、好的管理者、好的工人等，远比关闭工厂或降低运行速度要好得多。在我的经历中，情况的确是如此。很久以前，作为一名研究生，我通过各种方式认识到，不要担心自己的想法会被复制或窃取。简而言之，我发现每当它们被模仿时，都是由一个品位很差的人所为的，他忽略了精髓，而盗取了糟糕的部分。我终于从愤怒和闭口不谈转变成发现整个事情是如此滑稽可笑，以至于我再也不会对产品闭口不谈，也不会对我的任何想法进行保密。谈论想法的过程本身就有助于创造力的产生，使以前只有几十个想法的部分能够衍生出几百个新点子。抄袭或偷窃有点像偷鸡蛋，而不是偷下蛋的母鸡。总而言之，必须使用金钱，必须使用思想，必须使用创造力，必须浪子回头，而不是囤积钱财、吝啬钱财、认为钱可以用完、金钱只会减少……

协同的一种特征是你享受让别人快乐这件事，或者用真正的协同方式说，你可以自私地享受别人的快乐。我想这也意味着你可以更感性地去爱别人。关键是，有了这样的态度，就会在某种程度上更倾向于以较低价格进行无限生产的经济体系，而不是以每个单位的高利润进行有限生产的反协同原则。这是因为，越是慷慨、越是有爱心、越是有协同作用的人，实际上就越喜欢发放 1000 台收音机，而不是 100 台，践行 1000 次而不是 100 次将会带来更多的幸福，他可以更加享受自己的慷慨。也就是说，无限制的生产是对他人更关怀的表现，与此相反的态度则更多是对自己的关怀。

我想，在这里我得把二元对分这个问题说清楚，或者至少要努力说清楚，因为即便对我来说，它也不是特别清楚。首先要指出，这与荣格和达尔文的理论中强调冲突的好处，强调冲突会加强对人的动态影响或后果等是不同的。冲突当然有一些好的影响，同时也有坏的影响，但这不是我在这里想要表达的。事实上，我们所要探讨的是对自私和无私之间的两极的超越。这就是说，一个人超越了冲突，而不是从冲突中获益。它中止了冲突，中止了对立。一个人意识到，感知到或发现，自己的利益和别人的利益，自私和无私，与我们一直被告知的是不同的，我们认为它们相互排斥，甚至对立，但在适当的情况下其实不是这样的。当我们足够健康，能够感知到更高的统一性时，当世界足够好，足够富裕，以至于没有任何稀缺的事物时，我们就可以明白，人类的利益是共同的，对一个人有利的东西对我也有利，对其他任何人都有利。

用各种自我实现的人的例子来说明这个至高无上的统一体是由自私和无私建构起来的，这两者现在以一种新的方式相互构成，相互融合。我们可以谈论健康的自私，例如，我们也可以把病态的无私当作受虐狂的特征。自我实现的人身上的特殊症候群是自私和无私的一种特殊的混合和融合，以至于最终无法给某一种行为贴上自私或无私的标签，你会发现两者都是，或者两者都不是。这也与亚里士多德逻辑，特别是排中律——A 类和非 A 类的互斥性的批判有关。在这里可以参考科日布斯基（Korzybski）的非亚里士多德的部分，了解他对两极分化的双重价值取向的批判，也看看对非黑即白、非此即彼等的看法。它们都与一个事实有关，即协同代表了对二分法的超越，而不是从冲突中获利。

关于什么是真理，什么是现实，要想弄清楚并描述这里的一些微妙情况将会非常困难。我相信，协同作用是对更高的真理、更高的现实的实际感知，它是实际存在的，发展到协同作用就像从盲眼状态恢复光明一样。这很难论证，但我认为，只要充分强调操作性的定义，同时强调协同作用在操作性、事实性的良好情况下的实用性优势，就可以做到。事实是，人类的利益，特别是当人们相互了解和相爱的时候，是集聚在一起的，而不是相互排斥的。任何对美好婚姻的分析都可以轻易地表明这一点，任何对良好商业伙伴关系的分析都可以很容易地表明这一点，任何对科学伦理的分析，也就是对科学家之间的道德准则的分析，也都可以表明这一点。对任何科学家有利的东西，对作为科学家的我也是有利的；对我妻子有好处的，当然也对我有好处；对我有好处的，对我的孩子也有好处；对老师好的事物可以被证明对学生也好，大多数时候都是如此；等等。

另一部分工作是展示非此即彼的思维或相互排斥的非协同思维是如何成为轻度精神病态的标志的。也许处理这个问题的一个方法是通过我以前对专制性格结构的分析[33]。我曾表明，如果丛林世界的世界观事实上是正确的，那么唯一现实的方式就是专制。我试图说明人们认可生活是一个丛林的最初前提，而其中的人是具有相互排斥利益的丛林动物，这并不疯狂，而是真正的合情合理，甚至是必要的。请再看看这段话的确切措辞。我想我确实在那里使用了"相互排斥的利益"这种术语，这可能是一个很好的教学手段，使整个事情更加清晰，更加合理，更利于沟通（也许这整个沟通并不像我想象的那么困难。我想我最好试试，看看这个协同作用的概念是否像我一直假设的那样微妙。也许它是很明显的）。

协同性是指更多的整体性，越是整体性就越有协同性（与原子性相比，原子性是非协同性的，而且必然不是）。一个结构在操作上越是可以体现整体性，那么相互依赖就越多，沟通就越好等，团队越是要相互依赖，一切就越有协同性。也许我可以举个例子，一个篮球队是由 5 个骁勇善战的人组成的，在分数和得分方面，他们都是为了自己的利益而比赛，并认为自己的利益与其他人的利益是对立的，如果将其与一个真正的"团队"进行对比，在团队中，团队的利益往往高于任何特定人的利益，谁得分并不太重要，球队的 5 名成员都会为球队、为对方、为自己同样感到骄傲。此外，任何会玩篮球的人都会察觉到这一点，作为优秀"投篮手"的人的"传球者"与真正将球送入篮筐的人一样值得赞扬。当这种协同作用被打破时，那么最终会呈现出一个糟糕的团队。在经济领域也是如此。如果一个由 5 个人组成的小组要生产一种产品，这样的原则也成立。团队合作越多，团队成员就越依赖彼此，就越信任彼此等，这就等于说，协同作用越大。当然，这一切都可以用可研究的形式提出来。这是可以产生几十个可测试的假设。

一些非常类似的情况也发生在层次整合的学说上，它也与协同作用有很高的相关性。这是可以理解的。

既然协同作用是真实的和现实的（在良好的条件下），也与心理健康相关（健康的人更有协同作用），而健康的人对真理有更好的感知，那么整个网络中可检验的假设就可以在这里得到肯定。例如，我为证明健康的大学生有更有效的认知、感觉器官、思维和感知过程而设置的整个实验设计都可以转为对协同作用的测试。这在感官层面上本身可能就是真的。如果我在这里设计一个测试颜色辨别率、听觉阈值、皮肤的两点阈值、味蕾值、嗅觉的敏感性等的实验，测试对象我会建议为①心理健康的人、②有协同作用的人、③更好的管理者和监督者。据推测，对一个人来说是真实的事情对其他的人来说也可能是真实的，对优秀的人更是如此。现在，要把它转变成对更好的管理者的肯定和对研究的预测。

更好的管理者是更好的感知者。也就是说，他们会被预测为有更敏锐的视觉辨别力、听觉辨别力，等等。当然，所有这些都可以通过标准测试来检验。此外，在感知层面上，好的经理可能会被预测为更有逻辑性，能够更清楚地将感知与愿望分离开来，能够根据今天所掌握的证据对未来做出更好的预判。我在这里特别预测一下，好的经理不太可能遵循陆钦斯（Luchins）量水实验中的定势；他们不太可能成为阿希（Asch）从众实验中的屈服者或顺应者；较优秀的经理比差的经理更不可能依赖威特金（Witkin）实验中的现场。我预测较好的经理会比差的经理更不容易受暗示，更不容易受谢理夫（Sherif）的从众实验中傀儡的影响。

事实上，一般的心理测试都可以证明管理者的优秀，因为如果我是正确的，那么现在在实验中被翻出来的好的管理政策几乎就是我一直所说的心理健康的同义词，而这又几乎是协同能力的同义词。在这里，我们可以很容易地做出上百个可检验的陈述。事实上，我可以提出这个建议，或者至少在理论上，很快就有可能建立一系列完全不可伪造的实验室测试，如心电图、脑电图，以便对那些在以后的生活中会成为优秀的经理、主管、老板和领导人的人做出相当好的预测。当然，如果它能被做到的话，这将是一件美妙的事情。我越想越觉得有可能，值得一试。

我想我可以继续陈述，因为还有其他的可能性。如果所有这些关系网都是真的，那么任何能使经理变得更好的东西也能使一般人变得更好，并改善整个社会。这就是说，所有敏感度培训的技术、管理培训的技术或写书和做研究的技术等，从长远来看，都会使所有人受益。对心理健康来说也是如此。如果有对一般的心理健康有好处的更好的学校系统，如果我们从长远的角度考虑（如果我们为培养未来的行政人员做准备，或者说，如果我们的经理员培训计划面向未来 50 年），那么我们应该考虑从幼儿园抓起，以创造我们在 21 世纪需要的老板、将军、经理和领导人。

任何种类的自我治疗技术，或一般的心理治疗也是如此。所有这些都是相互关联的；使一个特定的人心理更健康，他就更容易被提拔，使他有可能成为更好的经理或更好的其他方面的人物，反之亦然。凡是在任何时候能改善社会的，往往也能改善社会的其他部分。无论在任何方面改善一个人的，都趋向于改善整个人。凡是能改善整个人的，也能改善所有其他人，特别是那些与他有密切联系的人。例如，凡是使一个人成为更好的丈夫的，往往也会使他成为更好的工人、更好的公民、更好的篮球运动员等。

关于复制机密这件事还有一些说明。如果美国人的人性概念是正确的，也就是说开明管理、Y 理论、最好的美国概念是正确的，那么就不存在真正的"抄袭"。复制美国风格或美国产品的唯一方法是成为美国人，也就是说，要成为那种有自发创造力的人。还有一点，我最好再考虑一下，那就是关于"秘诀"和"什么是秘诀"的含义。组织的风格、管理的风格以及与 Y 理论管理相关的一切，只要是现实的，并在良好的环境条件下与之相关的自信和自尊，稳定地创造一种让人更好的倾向（更自尊、更少恐惧、更少胆怯、更少受虐、更少敌对、更多感情、更友好、更信任、更诚实等），那么这些都是"秘诀"的一部分。

最终可能的是，美国的"秘诀"将真正成为美国的风格。这是一个重要的观点，尤其是在许多其他国家可以在不同的方面击败我们的这些日子里。例如，有的地方的劳动力更便宜。世界上大多数地方对专制老板来说要更容易生存，人们在恐惧、饥饿、失去工作的魔咒下，肯定会比美国工人更快地做他们被告知要做的事情。世界上有些地方的原材料比我们拥有的数量更多，仅仅是简单的劳动力数量就有无穷无尽，警察系统也会阻止任何形式的罢工，等等。

# 第十九章

## 关于论协同作用的补充说明

协同作用的概念和良好条件的概念之间可能存在着一种经验关系，这可能会被用于研究的目的。鲁思·本尼迪克特将协同作用定义为融合自私和无私、超越对立的社会制度安排。这使自私和无私之间的对分难题得到解决，形成一个新的更高的统一体。这样当我追求自私的满足时，我也自动帮助了别人，而当我试图利他时，我也自动奖励和满足了自己。从这些陈述中可以推导出各种可检验的假设，这些假设可能使定义得到检验。

（1）一个好的社会是一个有德行的社会。

（2）一个好的社会是一个回报自私的社会。在这个社会里，其他人赞同一个人的自私，因为他们知道自己最终也会因此受益（这里的重点是，美德、利他或无私不再与自私不同，不再有不同的方向、不同的目标或不同的后果）。

（3）一个社会（或一对夫妻、一个人自身）中的协同作用越大，就越接近 B- 价值观念。

（4）恶劣的社会条件或环境条件是指那些使我们的个人利益与他人的利益对立相互排斥的社会条件或环境条件。简单来说，就是那些除非以牺牲他人的利益为代价，否则并非所有人都能满足他们需求的社会条件或环境条件。

（5）在良好的条件下，我们必须为做一个有德行的人，少回报或不回报，少追求或不追求 B- 价值观念等。

（6）在良好的条件下，一个人的美德（或自私）会得到别人的认可（也就是说，这个人被爱和被尊重）。

（7）在良好的条件下，有德行或利他主义（或健康的自私）的商人最终更容易获得成功。

（8）在良好的条件下，成功的人被尊敬，而不是被憎恨、恐惧或怨恨（这句话可以有很多扩展，我想在后面加以阐述）。

（9）在良好的条件下，钦佩是更有可能的（不掺杂色情、支配或尼采式怨恨等不良因素）。

（10）在这些最高层次上，我们可以随心所欲地自私，但又觉得自己是有德行的。

（11）我们可以像我们喜欢的那样认为道德高尚而又"偏心"自己是自私的。

（12）重新审视亚当·斯密的哲学，他的哲学也暗示了这种情况的出现。也许他的言论可以被改写为："在什么条件下，开明的自私会对整个社会是有利的？"同样，我们可以问："在什么条件下，对通用汽车公司有利的对美国也是有利的？"或者："对我有好处的，就一定对你有好处？"

在这些最高层次的 B- 心理学中，很快就有必要重新定义利他、自私和无私，以便超越它们之间的对分，而且像人道主义这样的概念也非常需要重新定义，或者至少需要改变只有好的内涵的情况。或者我可以这样问："在什么情况下，人道主义是坏的？"另一个同样的问题："在什么条件下，我们可以消除由于好运、财富、天资、才能或优势而产生的所有内疚？"显然，在利他和自私朝着同一目标努力并融合的协同水平上，我们强调对他人仁慈，自愿帮助他人，不能在别人没有足够食物的时候吃得心满意足，不能在别人贫穷时享受财富。如果别人生病，我们就不能享受健康；如果别人没有大脑，我们就不能享受智力，诸如此类。在协同作用的层面上，所有这些对他人的考虑要么不再必要（也就是说它们是神经质的），要么它们会成为自由自发的表达和行动的现实障碍，成为在那个层次上的出类拔萃者或幸运者享乐的现实障碍。

这是很难说的，因为它涉及超越我们现在认为理所当然的差别，但这又必须说清楚。例如，换一种方式来看这个问题，这有着对佛陀的两种不同印度传说融合在一起的意味。一种是单独地、私下地、自私地寻求自我实现，通过专注于自己来寻求涅槃；另一种则是他来到涅槃门前，由于无私，只要其他人不进去，他就不可能进去，于是从涅槃折返归来，去教导和帮助其他人，其含义是没有人能够达到涅槃，或者没有人能够达到完全的自我实现，除非世界上的每个人也同时达到。在良好的条件下，卓越的人完全自由，或者说更自由，完全享受自己，随心所欲地表达自己，追求自己的目的，而不用为其他人担心，也不觉得对其他人有任何愧疚或义务，因为他完全相信，表达自己，追求自己自私的目的，会让其他人都受益。

还有一种说法是，在协同作用的条件下，也就是说在最好的或理想的条件下，没有必要害怕邪恶的眼睛或任何现代的恶毒眼光，没有必要害怕反愤恨或反价值观念，即对卓越的憎恨，对真理、美、正义、善、一般美德的憎恨，而现在经常出现这种情况，我们必须在某种程度上为此做出预测。

在这些理想的条件下，优越的人不必仅仅因为他的卓越或优越而害怕怨恨、嫉妒和敌对（就像现在的情况一样，特别是对进化程度较低和较不成熟的人而言）。也就是说，他可以释放自己，他可以自由地展示自己的天才、天赋、技能或优势，而无须建立防御或警卫，也无须保护自己免受预期的反击（这里有一个想法：可能在这个层面上，自夸和谦虚也会消失，因为在这个层面上，知识应该是足够客观的，所以人们可以像谈论其他人的优劣一样，有效而冷静地谈论自己的优劣）。

（如果上述所有情况都是真的，或者只是部分成立，我们将不得不重新定义我们的政治自由主义和政治保守主义的连续体。例如，政治自由主义简单地假设人道主义在任何情况下都是好的，没有任何修正或妥协，弱者是应该被帮助的。但是我们可以看到，在高水平发展的社会中，也就是在一个优心主义的社会环境中，弱者被帮助不再现实。现在帮助别人可能被看作一种入侵、一种侮辱，是多余的、不必要的，暗示着软弱，等等。此外，现在我们知道，有足够的临床资料也证明，在许多情况下，不分青红皂白地帮助别人确实会使对方变得衰弱，例如，为一个腿脚不灵便的人充当拐杖，最终会使他的腿完全萎缩。我们在这里还应该谈谈我们关于代偿性神经症的资料。当然，从这个角度来看，我们国家的许多社会保障惯例都是混杂的，例如，收入有限的病人或老人可能遇到这种不利的事情。我知道有一位残疾人，他能够以一种英勇的方式自己谋生，但他因伤残处于不利地位，得不到任何他有权得到的帮助。他能够得到帮助的唯一途径是完全放弃自力更生，完全成为县医院的照顾对象。这当然不是对自力更生的鼓励）

〔我还想到，如果我试图以系统的方式将科学管理的原则应用于我们的政治形势，例如，强调联邦分权（这在工业形势中已被证明是非常明智的），那么这将与当代政治自由主义者的许多桎梏背道而驰。例如，这将意味着城镇人民大会式的民主，意味着尽可能多地由基层制定决策，意味着稳步削减联邦的责任，以支持越来越多的地方责任。政治反动派利用州权和地方权力达到邪恶目的的事实，不应该与这里所讲的一般规律和原则相混淆。我想知道我们关于高效监督者和高效管理者的新信息在多大程度上适用于高效的各级政治领导人，直至参议员和总统。我想，这也可以进行系统的尝试。在任何情况下，我认为在 B- 分析的条件下重新审查所有这些政治、经济和社会概念，也就是说，看看它们在超心理学条件下会是什么样子是应该的。很明显，它们会在不同方面有所不同〕

# 第二十章
## 关于共存物动力学和整体性、有机思维

　　我在管理学书籍中读到的数据，既可以以原子理论、因果关系、珠联璧合的"方式"来组织，并像一堆零碎的事实一样被对待，也可以以有机的方式来被感知，也就是说它们都是相互关联的。现在，后一种方式实际上更真实、更现实、更容易成功。例如，我之所以提出这个问题，并希望把它纳入任何关于企业管理理论的最终讨论中，是因为有必要指出，许多关于管理的文章，特别是 20 世纪二三十年代的那些老著作，都是基于原子论的企业概念，也就是说，把它本身看作一个世界，与其他任何事物都没有关系，就好像它是以自私为立足之本的构想。这是在一个拥有小杂货店的老板的典型看法，他觉得自己绝对独立，不受世界上任何人的约束；他经营着小店，他是老板，小店和他自己口袋里的钥匙一样，都是他的财产。现在，事实是，这首先是不真实的，而且随着我们的社会像任何工业化社会一样，变得越来越相互依存，这种概念变得越来越不真实，直到最后它完全变得愚不可及、荒诞至极。

　　事实上，企业（比方说非线性系统公司）被嵌入它所在的社区，而这个社区以各种方式，被嵌入更大的社区（比方说南加利福尼地区），这反过来又与加利福尼亚州有非常明确的功能关系，加利福尼亚州转而嵌入美国，美国又嵌入西方世界，西方世界嵌入全人类和全世界。这些都是功能性的关系，在这个意义上，可证实的因果关系可以被列出，而且可以被列出成千上万个。这些通常被忽视和被认为是理所当然的事实，例如，非线性系统公司只有一个守夜人，而不是由 3000 人组成的团队，这一事实被认为是理所当然的，但只限于在各种关系运作良好的情况下。或者说，企业依赖于城镇的水、电、气供应着，依赖于道路的维护，依赖于消防和警察部门，更不用说其他几十种服务，如餐馆、购物中心和市场等，这些服务使人们有可能生活在这个地区，这反过来又使人们有可能在工厂工作。如果任何在非线性系统公司工作的人有着在街道上被暗杀的风险，那么这家公司当然就会迁走。这一点应该很好理解，非线性系统公司是建立在整个假设关系、服务等网络之上的。简单来说，它是"身在其中"（像是共存物），甚至更准确地说，它是"身在并建构其中"。各个层次都是如此，我们可以谈一谈税收，谈一谈作为回报的社会服务。美国维持着军队、联邦调查局和国会图书馆，并处理各种各样的联邦事务，如果没有这些事务，非线性系统公司就会崩溃，也就不可能存在了。北大西洋公约组织也是如此，联合国也许也是如此。

如果把这个工厂作为一个共存物，也就是作为一种有机体，在其中可以对相互关系进行各种分析，那么这个共存物就嵌入一个大的共存物中，这个大共存物又嵌入一个更大的共存物，以此类推。这就是我在前面所说的"套叠盒式关系"，即一个综合征被包含在下一个更大的、更具包容性的共存物中的意思。我在那里使用的另一个比喻是"放大倍数"。人们可以在显微镜的不同放大倍数下，看到一个连续的组织结构（像幻灯片一样），因此可以看到更多的细节，一些范围很小的细节之处。

现在，共存物 1 的内部关系，即非线性系统公司作为一个共存物的内部关系，如友谊、联系、相互依赖、相互需要、相互依靠，可以测量为 0.6。现在，共存物 1 中的细节和共存物 2 中的细节之间的相关性（共存物 1 被嵌入其中的更有包容性、更大的共存物）要小一些，可能平均值为 0.4。人们会发现，共存物 1 和共存物 3、共存物 4 以及更大和更多的共存物之间的关联性越来越低。这意味着共存物 1 的任何变化对共存物 1 内的其他事物的影响要比对共存物 3 的影响更直接和强烈。但在理论上，共存物 1 的任何变化还是会对共存物 2、共存物 3、共存物 4 等产生一些影响。

换句话说，非线性系统公司的任何变化，无论好坏，都会对德尔玛市（Del Mar）、南加利福尼亚地区、加利福尼亚州、美国、西方世界、全世界产生影响，而且这些影响会随着共存物的规模和包容性的增加而逐渐减弱。失业或者非线性系统公司的爆炸会使整个工厂消失，这对德尔马市来说是一场真正的灾难，并且肯定也会对加利福尼亚州产生可衡量的影响，而其对于中国的影响几乎察觉不到，但即使如此也会产生一些非常轻微但也确实会存在的影响。

共存物内的影响比共存物之间的影响更大，反之亦然——中国、保加利亚、伊朗或世界上任何其他地方的变化最终会对非线性系统公司和每个雇员产生影响。事实上，他们可能一个世纪都不能意识到这一点（这并不重要）。这些"影响"是可衡量的、可辨认的，而且是实际存在的。比方说政权的转移，伊朗国王被暗杀将对非线性系统公司产生明确的影响。"套叠盒"由里到外每层都是如此。

现在，这在可被证实的理论和实验方面意味着什么？它意味着各种假设肯定都可以被陈述并被测试，而这些假设与我已经从管理政策与心理健康的关系中产生的假设几乎一样。例如，我可以说，世界越好，国家越好，地方政府越好，企业越好，管理人员越好，工人越好，产品越好。这是一个总体陈述，可以拆分成上万个具体的假设，每一个假设都是可以被检验的。当然，整个事情也可以反过来说。产品越好，工人越好，管理人员越好，企业越好，社区越好，国家越好，世界越好。而这个假设也是可以被证实的。

另一种说法是（这更令人吃惊，也更值得商榷），对世界有利的就是对国家有利的，对国家有利的就是对社区有利的，对企业有利的就是对管理者有利的，对工人有利的就是对产品有利的。这与"对通用汽车公司有利的就是对国家有利的"这一说法很接近，但事实是，在一个整体的、有机的或综合性的世界形势下，这是真实的，而且应该是真实的。对我有利的就是对整个世界有利的，对整个世界有利的就是对我有利的，对地方好的就是对国家好的，等等。最终，如果有人问什么是生产一个好的电压表所必需的，我们会发现自己处于一系列的同心圆中，解释的圈子越来越大，直到最后我们会开始谈论太阳的条件和地理条件，以及洋流中发生了什么，在平流层中发生了什么，等等。例如，由于某种巨大的爆炸，太阳表面的温度升高，很可能会使整个地球毁灭。当然，这就不可能有电压表了。因此，太阳上的良好条件是生产好的电压表的先决条件之一。这是我能想到的最极端的例子，但也是一个明显真实的例子。

现在，为了更好地理解它，同时也为了更好地检验它，使它更科学，另一种方式是，所有这些整体性的相互关系（这整个套叠盒子），实际上是一个统一、整合、协调、和谐和良好合作的理论。也就是说，我所提到的所有这些整合和相互作用的迹象，本身就是融合的良好程度的症状。我的意思是：融合越好，我所提到的这些效果就越普遍；融合越差，越是原子化，越是相互排斥——社区、国家、个人、企业、阶级等之间的分化越大，那么现在这些影响也就越小。

我还可以用另一种方式解释：优秀的管理、优秀的工人、优秀的企业、优秀的产品、优秀的社区和优秀的国家，都是彼此的条件，是良好的相互关系的条件。如果社区的改善没有对产品的好坏产生最终影响，那么一定是某处出现了问题。系统整合得不够，沟通不畅，或者群体之间是相互对立，而不是协同合作，或者其他类似的情况，这实际上是一种病态。也许人体的平行关系理论在这里会有帮助。我身体内的协调和整合越少，对我来说就越危险。例如，如果我的神经系统有一个协调机制被打乱了，那么我的左手就不知道右手要做什么，以至于它们根本无法一起工作，这对我来说不是一件好事。

因此，我认为可以对那些分裂社会、瓦解社会而不是整合社会的因素进行相当有意义的论述和研究。如果我们以这种共存物的方式思考，特别是如果我们长期以这种方式思考，那么像黑人在企业中的待遇——他们被分化出来的事实，最终被证明对产品、工人、管理人员、工厂、社区等都有不好的影响。如今在美国黑人中发展出的敌对和反抗情绪最终可能会导致焚烧工厂、暗杀或内战的行动出现。当然，现在已经出现一些侵略、犯罪等形式的行动，例如，一个白人在纽约市哈莱姆区散步是很危险的，因为黑人会将在过去所有因不良待遇而产生的压抑怨气发泄在碰巧走过的任何白人身上。在被抢劫之后，还会遭到恶毒的殴打，他们是为与自己毫无关系的不公正对待付出了代价。可以想象，在非线性系统公司的管理情形下，不公正的待遇可能会引发什么——破坏、犯罪或其他行为。因此，一些道德败坏的人在亚拉巴马州莫比尔市所做的事情，也许在30年后会对加利福尼亚州德尔马市的非线性公司的电压表质量产生影响。

以另一种方式来说，制造好的电压表的最佳条件是拥有一个完美的世界。或者反过来说，世界上任何不足之处最终都会对我们的电压表、钢笔和汽车等产生影响。

在这种情况下，非常有必要进行长期与短期影响的区分。在讨论协同作用、道德会计的做法时，一定要包括这一点。比方说，今天诈骗某个黑人、剥削印第安工人、恶意对待红头发的人或在企业中不公平对待妇女等，都可能有短期的利益。很明显，如果我经营一家杂货店，亏待了某位顾客，在这个特定的时刻，对我的金钱是有利的；然而，长远考虑以及将世界一体化纳入资产负债表中，整个交易看起来就不一样了。例如，我欺骗得越多，我对其他人的影响就越大，我在这一刻对世界的影响就越大。我可能不会立即看到这种坏影响，但我的孩子或我的孙子会看到。如果我蔑视墨西哥人，在我的杂货店里对他们不友好，骗取他们的钱财或其他东西，那么我月底的账户存款可能会变多，而且不会立即对我造成明显的伤害，这是完全有可能的，但是我的孩子或我的孙子肯定会在未来的某个时候受到影响，例如（这是很容易想象的，即使不可能），美国的一些巨大军事灾难会摧毁整个社会，然后我们美国人会涌入墨西哥乞讨食物。我想知道如果今天白人进入哈莱姆区乞讨食物会发生什么。

又如，由美国国会和美国人民过去愚蠢的移民政策造成的朝鲜战争。我们正在为这些过去的罪过付出代价。而这一切是为了说明，无论我们今天犯了什么罪，我们和我们的孩子最终都会为此付出代价。

所有这类事情通过有机思维和整体思维变得更加有力，更加明显，更加被视为理所当然，更加符合常识。事实是，世界上的一切都与其他一切相关，世界上的每个人都与其他每个人相关，现在生活的每个人都与未来生活的每个人相关，我们都互相影响，我们不妨科学地认识这一点。

当然，这种对时间和空间的相互关系的理解，需要一个相当有远见的、富有经验的、受过教育的头脑。然而，如果它不能完全实现，至少管理理论家和哲学家可以在这个方向上稳步推进，证明在任何特定的局部情况下越来越多的相互关系，越来越大的"因果"共存物。例如，1956年莫尔斯（Morse）和赖默（Reimer）的实验是非常重要的，不仅是因为它的目的，也因为它是一个范式、一个模型、一种可能的例证。莫尔斯和赖默所证明的是，长期的人类后果与短期的生产力后果是不同的，通过在短期内施加压力，使用储备和力量，丢弃长期投资，等等，增加利润和生产，使资产负债表表现良好是很容易的。我想说，管理人员的这种洞察力将是他们公民责任的一部分，是他们忧心责任的一部分，是他们必须让全世界知道的事情的一部分。这种公民责任与说出全部事实真相的科学责任是完全一致的（这里没有说不实之词，没有说谎话的意思）。

现在，我想详细讨论的另一点，也是我曾经提到的，那就是协同作用、相互依存、互惠互利、对我有利的就是对你有利的这种哲学，在良好的条件下，长期来看都是非常真实的。从短期来看，在紧急情况下，在恶劣的条件下，特别是在稀缺的条件下，这绝对不是真实的。当人们需要10块羊排而只有1块羊排的时候，那么事实上我的利益与你的利益就是对立的。谁得到了羊排，谁就伤害了其他人。在这种情况下，对我有利的东西对你不利。我们必须非常清楚地认识到这一点。所有我们称为道德的、人文的、好的品质（仁慈、利他主义、无私、善良、互相帮助等），都取决于一个富裕的、公平的世界，而这个世界又是整体性的，从每一部分到其他每一部分都有良好的沟通，这样，相互依存的整体利益才能迅速获得满足。

如果我就这个与社会心理学有关的整体性观点做更多的论述，我想我会从科特·戈德斯坦（Kurt Goldstein）的材料开始，也许还有关于中枢神经系统的综合功能的研究，然后从那里继续扩展，直到越来越复杂、越来越广泛的含义。我也会使用格式塔心理学的基本原则。我的《动机与人格》中的第 3 章是这种思维的理论基础，也许这只是我的思想在社会心理学中的应用。

言归正传，我忘了对本章开头提出的观点展开论述。当共存物 1 包含于共存物 2 中时，这与共存物 1 包含并建构于共存物 2 中的说法不同。仅仅是包含在其中，并不一定意味着与之有真正的功能关系，就像如果有人通过外科手术在我的皮肤下简单地植入一个卵石，使我的身体可以包含某个东西在内，但这与我的肝脏包含并建构在我的身体内部是不同的，因为后者存在着明确的功能和必要的相互依赖与相互关系。同样的事情也可以适用于一家企业与它所处的社区的关系：它既可以嵌入社区中，也可以像一个难以消化的肿块一样被包含在其中，与其他组织没有任何关系。

在共存物动力学整体、层次性整合与协同作用之间建立明确的联系是必要的。它们是重叠的，但又不完全相同。每一个都需要专门讨论解释。

对整体的一般背景而言，另一点很重要的是，一般来说，真理倾向于变得越来越整体，越来越同质化，越来越统一，越来越综合，越来越完整，越来越唯一。在知识体系的每一个点上，都有明确的一致性倾向。当然，最完美的例子是数学和逻辑学，但一般的科学也是如此，事实上所有的一般知识都是如此。人类就是不喜欢不一致的事物，他们管理这些东西的唯一方法就是压制、忽略、不注意，等等；但是一旦不一致或矛盾引起人类的注意，"轮子"就开始运转了，不管是否愿意，人们必须继续思考，并试图使其一致。人们可以在这里谈论认知失调的实验。在某种程度上，这与我在《论存在心理学》（*Notes on thePsychology of Being*）中对元动机和元需求的讨论有关[89][97]。B- 价值观念之一是整合、统一、一体化趋势。那里所说的一切都可以与我迄今为止在本书中所说的一切结合起来。例如，"一致性"可以被看作人类的超越性需求，也就是说，它是一种特殊的高级动机。同时，它也会产生反动机、反价值，即它会产生恐惧、厌恶、威胁和抵抗，就像每一种需求和元需求一样。其结果是一种辩证法，例如，在想要了解和害怕了解之间。

所有这些理论上的东西都可以应用于具体的管理类书籍和理论。我认为，最终也可以把人与世界之间的心物同型论加入这整个理论结构中[104]，也就是说，一方面是人感知世界的倾向，好像世界与自己一体一样，并把它变成和自己一样的东西。另一方面是世界对人产生影响，也就是说，世界塑造人并把人塑造成与自己一致的趋势。它们有一种相互的因果、反馈、相互影响的关系。我变得越融合，我就越能在世界中看到融合，瓦解对我来说就越令人讨厌，因此，当我看到瓦解时，我就会努力把它融合到一起。相反，世界变得越是一体化，它就会对我的解体施加越多的压力，让我转变为一体化，世界变得越是一体，它就越是倾向于让我成为一体。我越是成为一体，我就越是倾向于使世界成为一体。这就是我所说的心物同型。顺便说一下，这本身就是对知识的同质性和整体性的压力的一个例子。知者与已知之间的差异和区别往往会自动消失，即把自己转化为一个整体。

# 第二十一章

# 关于 B- 价值观念（远期目标和终极目标）

在讨论作为一种发展方向的开明管理时，以及在讨论任何其他采取这种相同管理的社会机构时，最好放弃"单一大价值"的那种理论（例如，"所有的都是爱"，或者像一位开明的企业家所说的"我所有的努力都是为了服务于他人"），而应该接受终极价值观念的多元化——至少在目前。这是真的，或者说，至少在实践中这也是合宜的，尽管我们今天已经可以用这个包罗万象的概念推断未来。这是因为每种 B- 价值观念最后都是根据每个其他或全部 B- 价值观念来定义的。也就是说，当我试图全面且终极地定义真理和诚实的时候，我发现真理是根据我清单上的某一个或所有其他的 B- 价值观念来对其进行定义。例如，事实证明，真理是美丽的，真理是好的、公正的、最终的、完美的、完整的、统一的、丰富的，等等，这些都是整个 B- 价值观念的清单。这是我实际做过的一个练习，我还没有为其他 B- 价值观念做同样的练习，但即使我在这个方向上做了一点努力，结果也已经很清楚地表明，美（如果它被全面和终极地审视）最终会涉及其他每个或全部 B- 价值观念，它们成为美自身性质的部分特征。[102]

这意味着在未来的某一天，我们可能会找到某种方式来表述 B- 价值观念的同一性和整体性的某种方法。我怀疑因素分析技术将有助于这一方向的发展。

但这给了我们一个判断某物是否真的是 B- 价值观念的

标准。因此，如果基督教科学教派成员高谈阔论爱是唯一的
最高价值，或者某位学者谈论真理是唯一的价值，或者济慈
（Keats）谈论美才具有最高的美德价值，而律师则说正义是
最终的价值，那么我们就可以用我们的批评原则来判断这是虚
假的还是真的。例如，如果基督教科学教派成员所定义的爱与
医学的和生物学的事实相矛盾的话，我们马上意识到，它已
经与其他 B- 价值观念相分离了，它已经被隔离、隔绝或与它
们相分离。当然，这会一下子就毁了它。这表明它没有被完
全定义——或者说，基督教科学教派成员对爱的概念是不完整
的，也就是说，它的包容性不够强或不够大。作为某些纯粹的
科学家的终极目标的真理也是如此，他们寻找真理而不考虑其
他 B- 价值观念。例如，一个盲目的原子物理学家或火箭专家，
或一个做了可怕实验的纳粹集中营医生，也许并不是像他们自
己认为的那样是在追求纯粹的真理。也许就内省而言，他们
觉得自己是道德高尚的。然而事实是，他们的这个真理与爱、
善、美等的价值观念明显是矛盾的，因此就要认定他们的真理
是不完美的、局部的、错误的或残缺的。也就是说，没有哪一
种 B- 价值观念可以用这种抵触或排斥其他 B- 价值观念的方
式下定义。绝不能将一个 B- 价值观念与其他 B- 价值观念相
脱离、分割或切断。

　　这也意味着，强调任何远大目标或 B- 价值观念中的任何
一个都是可以的，只要它继续被所有其他 B- 价值观念定义。
例如，一个科学家有可能全心全意地追求真理，而且在所有方

面都是正确的，因为他所追求的真理与所有其他远大目标或
B- 价值观念一致或相互兼容。对于开明管理的原则来说，必
定也是如此。人们可以谈论有限的目标或单一价值观念，如服
务，但不可排斥完整的服务定义的全部含义。也许我应该这样
说：爱或真理等价值，最终等同于其他任何 B- 价值观念。或
者可以这样说：爱是由所有其他 B- 价值观念来下定义的，或
者爱是所有其他 B- 价值观念的总和。

　　或许还有另一种说法，如果我们同时牢记 B- 价值观念的
当前多元性和它们未来推断的同一性，那么，人们或许就可以
通过任何一个 B- 价值观念来接近身心的同一性，通过将自己
的整个生命投入真理或正义等方面来培养真理、美、正义和完
美等品质。

# 第二十二章

## 关于领导力

　　我对管理学文献中关于领导力的资料感到不满，就像麦格雷戈那样，只是对民主的教条感到虔诚，而不是把情况的客观要求作为领导力的中心点或组织点。我认为，我将从完美（范式的）情况或开明情况的角度来处理这个问题，在这种情况下，情况的客观要求、任务的客观要求、问题的客观要求、团体的客观要求都是绝对的，也没有其他决定因素。这将回答一个问题：谁是某个特定情况下的最佳领导者？在这种典型的情况下，我必须假设对团体中每个人的技能、天赋和能力有很好的认知，包括自己和他人；我还会假设对问题情境的所有相关细节是完全率真的[89]；我还会假设所有参与的人都有健康的特性（只有这样的人才不会太敏感，感到被侮辱或被伤害，他们不会缺乏自信或自我，不会被花言巧语和虚情假意操纵）；我还必须假设在这种完美的情况下，任务、问题或目的被完全融合了，也就是说，任务或职责不再是与自我相分离的东西，不再是外部强加于个人的东西，而是个人如此强烈地认同这项任务，以至于无法在离开这项任务的情况下定义真正的自我。

　　这里有一个很好的例子，那就是热爱自己的工作并沉浸其中的人，认为自己与工作已经到了无法分离的程度。如果我是一个心理学家，我热爱心理学，而我天生就是一个心理学家，我从中得到了完全的满足，等等，那么试想，如果我不是一个心理学家就完全没有意义了，我就完全不是同一个人了。好吧，这种对任务或职责的完全认同是 B- 心理学[86] 的一个方面，人们可能还没有准备好接受它，所以我最好想出更容易沟通的方法。这很难，因为它跳出了工作与娱乐、人与劳动、自我与非心理现实之间的对分，等等。任务、天职或职责成为自我的一部分，一个确切和必要的部分，我认为在这些概念被分割和在将它们对分的文化中，这是很难被理解的。

好吧，就算所有这些理想的条件都具备，那么将会出现的 B- 领导与我在印第安黑脚族中看到的功能性领导是一样的，或者是我在一群组成篮球队的年轻人身上看到的那种，他们有良好的团队精神，而且不是自私的骁将。黑脚印第安族往往没有（像美国那样）拥有最高权力的领导人，而是为不同的职能配备不同的领导人。例如，战队中的领袖是大家认为最适合领导战队的人，而在饲养牲畜方面，最受尊敬的人是最适合做这项工作的人。因此，一个人可能在一个团体中被选为领袖，而在第二个团体中却可能排在最后。当然，这都是非常合情合理的，因为事实上，我们确实有不同的能力和力量，当然，在任何数百人的团体中，我们不应该期望最适合安排太阳舞的人一定是最适合成为加拿大政府谈判的政治代表人。黑脚族人对自己及对自己的才能都是非常现实的，他们总是为某项工作选择最合适的人，而不会考虑他在其他工作中表现得好坏。这可以被称为职能型领导，或者我更喜欢称为 B- 领导。它符合客观情况的客观要求，符合一般的现实，包括自然和心理现实。

现在，黑脚族的这种 B- 领导的另一个方面是，领导者没有专门给予他的任何权力，也就是说，他并不能真正影响任何人或命令任何人。在团体和被选领导人之间有一种相互给予和接受的关系，因为一般来说，被选领导人认为自己是最适合做这项工作的人，而团体也认为他是最适合的。假定他们都有同样的目的，那么领导人就是一个枢纽，他发出信号，协调团体向共同的目标前进，而不是发号施令，使用权力，试图影响他人或以任何方式控制他们。事实上，他完全是应团体要求成为团体的臂膀或团体的仆人，将集体组织起来，在正确的时间发出正确的提示和信号（就像在一个足球队中一样），否则就会出现混乱。顺便说一句，黑脚族人在没有必要的情况下是不需要领导人的，在某些情况下，有的只是无固定界限的、无组织的团体，完全是没有组织性的，但也能够顺畅地运行。

在这样的情况下，小组和领袖之间的关系与我在这些管理类书籍中读到的那些情形完全不同。例如，在黑脚族中和我所见过的其他 B- 团体中，团体往往对领导者心存感激，而不是对其心存怨恨。也就是说，他们仿佛认识到，让他承担责任，是因为他恰好是最适合做这项工作的人。同时他也明白，在完美的情形下他最适合做那项具体工作，所以他可能会接受这项工作，不管他是否喜欢，不管他是否愿意，他都要去做，这完全是出于一种责任感。

这与美国的政治情况非常不同。例如，在美国，领导人往往会自己选择自己。有些人对当州长或其他类似的事情有野心，那么他会参加竞选并说道："我想当州长。"然后他就出去

参加竞选，与所有其他想当州长的人竞争，这就是我们所说的
竞选、一场艰苦的斗争，等等。从 B- 心理学的角度来看，这
是一个非常不合适的甚至危险的方式。在任何情况下，这都是
一种非常糟糕的方式，无法为工作挑选真正适合的职能领导。

　　这很危险，因为它倾向于把候选人的选择权恰恰留给那些
追逐私利者、神经质般地需要用权力去统治其他人（D- 权利）
的人，而不是让最适合这份工作、做事谦虚、不愿意让自己出
风头的人担任职务。或者正如我在关于领导力的文章中所说的
那样[24]，追求权力的人恰恰可能是不应该拥有权力的人，因为
他神经质地、强迫性地需要权力，这样的人很容易把权力用得
很糟糕，也就是说，用它来压迫、伤害别人。他们用权利来满
足自己的私欲，有意识和无意识地去使用权利。当这样的人成
为领导者时，任务、工作的客观要求往往被遗忘或在混乱中丢
失。他基本上是在为自己着想，是为了神经症的自我治愈，为
了一种自我满足。

　　那么，如果我们看一下最适合做领导的人——也就是最适
合实际解决问题或使任务完成的人、对情况的客观要求最有洞
察力的人、在这种情况下最无私的人，他在心理上更健康，绝
对不会从命令别人或指挥别人中得到任何乐趣，因为，根据定
义，这根本不能给他带来刺激或满足感。因此，通常必须由别
人推举他，他清楚地知道自己承担了什么责任，或者他要做有
利于团体的事情，而不是像我们大多数政治家那样自我选择且
追逐名利，不能够谦卑地等待被邀请。那些爱出风头的人恰恰

是不应该拥有权力的人，最可靠的掌权者是那些不享受权力的人。他们最不可能将权力用于自私的、神经质的、疯狂的或用于炫耀的目的，因为所有这些都可能是 D- 领导的动机，所有这些都意味着掩盖或忽视了团体的、目前情况的或工作的客观实际要求。我记得，在那篇关于领导力的文章中我指出，这些是判断你应该要谁当领导或不要谁当领导人的最适当的标准。如果一个人对领导力没有任何渴望，这就是对他有利的关键点。如果一个人为领导力和老板的身份而挣扎，那么这是一个对他不利的危险点，我们应该质疑他是否适合。

另一种说法是在 B- 领导与 D- 领导之间做出区分，区分追逐凌驾于他人之上的权力和寻求做好工作的权力的最佳标准。后者使我有必要试图解释什么是 B- 权力。

### 关于 B- 权利

B- 权利是做该做的事情的权力，做应该做的工作，解决客观问题，完成需要完成的工作，或者以时髦的方式来说，B- 权利是培养、保护和提高所有 B- 价值观念的力量，包括真、善、美、正义、完美、秩序等。B- 权利是创造一个更好的世界，或使世界更接近完美的权利。在其最简单的可想象的形式中，它就像格式塔动机，其中弯曲的东西被扶正，或未完成的事情被完成。例如，我把墙上一幅弄皱的画抚平作为一个典型的例子。实际上，对所有的人来说，这样的情况都会让人有点恼火，并"要求"弄皱这幅画的人站出来把它弄平整。这种弄平整是一种满足，皱巴巴的照片是一个刺激性的触发因素。这是一个将事物恢复正常的问题，清理一个肮脏的房间，使原本无序的地方变得有序，把事情做对，完成一个未完成的工作，等等，这是一个产生闭合、产生良好格式塔的问题。我们或多或少都有这样的倾向，尽管我们中的一些人被一种 B- 价值观念比对另一种更有动机、更厌烦。例如，对审美敏感的人或对音乐敏感的人，可能真的会因为钢琴上的某个和弦弹得不好感到不安。有一则关于勃拉姆斯（Brahms）的轶事可以说明这一点。有人一直在钢琴前摆弄，无所事事地弹着音符，弹到一半就离开了钢琴。勃拉姆斯不得不起身去将这一曲弹奏完毕，并说："我们不能让这支乐曲永远得不到结束"。

这有点像等待听到楼上公寓里的人的另一只鞋落地才能够入睡的例子。或者说，好的管家会有一种冲动，要把东西整理好，打扫干净，而不是在饭后留下一个肮脏的厨房。这些都是库尔特·勒温（Kurt Lewin）所说的要求特质的小例子。在这些情况中，环境、现实、自然或情况都要求我们做一些事情。好吧，我们可以很容易地从这些琐碎的例子上升到为大部分人生提供巨大动机的重要例子。例如，纠正不公正、不公平或不真实的情况。我们都有一些与 B- 价值观念有关的敏感点，在那里我们会感到愤慨，并迫使我们采取纠正措施。例如，《星期六评论》（*Saturday Review*）上有一则说明这个问题的小趣闻，一个男人对机场餐馆提供给他的一份难吃的牛排和高得离谱的价格表现得非常不满，他叫人把牛排送回厨房，他们又给他送来了一份更糟糕的牛排，然后他再次叫人把牛排送回厨房。他对这种不公正现象表现出固执地愤怒，我想这可以被称为义愤填膺——一种非常可取的义愤填膺。或者这是一种冲动，有时会促使我们去追查一些骗子，即使被骗的不是我们。或者，特别是对于科学家和知识分子来说，谎言必须被揭穿，真相必须被道出。的确，在历史上确实出现过这样一些情况，人们为了真相而冒着生命危险或者宁愿被处死也不愿意说谎。

好吧，对于那些非常善良、健康、正派的人，即对于那些得到完全发展的人而言，世界上充满了这种情况，而且都需要整顿。要想理顺这种情况，使事情变得更完美、更真实、更美丽、更正确、更适合等，就需要权利，B- 权利就是这样美妙的存在。所有正直的人都应该寻求这种力量，而不是回避。如果我们以这种方式思考，那么，B- 权力是世界上最美妙的东西，而不像是美国人习惯于认为的那样——是一种令人不快的存在。这种混淆无法将邪恶的权力、不健康的权力、神经质的权力、D- 权力、凌驾于其他人之上的权力，与那些能做好工作的权力、做正确的和好的事的权力区分开来。就好像我们假设世上唯一的一种权力是这种疯狂或自私的权力，但在心理学上，这种假设完全是与事实相反的。

如果我们理解 B- 权利，那么 B- 领导就是寻求 B- 权利的人，并且是为了 B- 价值观念的目的而正确行使 B- 权力的人。这是与我在这些管理类书籍中看到的领导力和权力的概念截然不同的概念——它与责任几乎是同义词。

如果我们按照上述客观类型的分析，工作环境中的 B- 领导可以被定义为能够最好地完成工作的人，或者至少是能组织安排各类事情，将工作做得十分出色的人。我不能理解任何其他的领导定义，例如，一个能影响周围人的人，一个能控制他人的人，一个能把人任意摆布的人，等等。首先，这太笼统了，不够多元化，也就是说，我可能完全愿意听从一个好的职能领导的命令，他能比我做得更好，比如在狩猎探险方面，但我无法想象在出版作品方面听从他的命令。如果哪个人有任意摆布我的权力，无论什么时候、什么场合，他想干什么就干什么，那么我一定是个病得非常严重以至于任人摆布的人。

B- 领导不想任意摆布他人，既然如此，我不妨在此谈谈 B- 追随者。其定义其实和 B- 领导差不多，B- 领导是在令人困惑的情形下融合了目标的人，他擅长认可他人，希望以最好的方式完成任务。这可能意味着，另有最适合这个工作的人选，而不是领导人自己，所以，B- 追随者大概和 B- 领导者本人一样渴望让 B- 领导者成为领导者。

在不同类型的情况下，对不同类型的领导人的要求范围非常广泛。例如，在完全民主的情形下，我们可能会选出一个领导者，并给他大量的权力，甚至是生死攸关的权力，只是因为那种特殊的情况需要那种特殊的领导，比如在救生艇上、在一个军队团体中或在一个外科团队中。在这种情况下，可能会有直截了当的命令，没有道歉，不再婉转，不再矜持。当然，在这种情况下，B- 领导必须有下达命令的能力，而不会为此感到内疚，觉得自己占了便宜，或以任何方式陷入思想困境。此外，如果他的工作是宣判无期徒刑或死刑，那么他也必须能够做到这一点而不至于让自己心理崩溃。这是客观情况下对客观领导人的客观要求之一。当然，这在另一种情况下可能是极其不适合的。我想在这里说的是，在很多情况下，老板应该是非常强势和权威的老板，尽管我认为在大规模的工业情况下，客观上更加需要参与式经理，而不是大声喊出一个命令并让要求立即执行的老板。

但在某种程度上，我有一种模糊不清的感觉，就是我们可以对几乎所有的领导人或老板进行归纳，即他们应该能够注意到情况的客观要求，而不必太在意追随者或雇员——即那些必须接受命令的人——内心的微妙敏感度。例如，我认为大多数领导人必须有能够承受敌意（也就是不受欢迎）而不会崩溃的能力。在大多数情况下，那种必须受到所有人爱戴的人可能不会成为一个好的领导者（尽管我可以想象到在少数情况下，这种品质会成为一种资产而不是一种负担）。如果客观需要的话，领导者必须能够说"不"，要果断，要强硬，要坚忍不拔，要充满激情，要不怕伤害感情，等等。换一种说法，在大多数情况下，老板不能成为我们所说的弱者，这与我前文所叙述的相反。他必须不被恐惧支配，必须有足够的勇气来面对现实。

（因此，我想说某些神经质的人可能被排除在大多数类型的老板之外。例如，一个停留在安全需求层面的人在大多数情况下不可能成为一个好的老板，因为他太害怕报复，因为他追求安全而不是追求问题解决、生产力和创造力，等等。总之，他太脆弱了。因此，停留在爱的需求层次上的人也是如此，他的主要目的是得到所有人的爱，受到欢迎，得到赞赏，因此，他不忍心放弃任何一个人的爱）

那么，在理想情况下，强大的老板将是一个所有基本需求都能得到满足的人，即对安全的需求、对归属感的需求、对爱和被爱的需求、对威望和尊重的需求，以及最后对自信和自尊的需求。这就等于说，一个人越接近自我实现，大多数情况下，他越是能成为一个非凡的领导者。

当然，对 B- 追随者来说也是如此，因为对他的个性要求与对 B- 领导的要求基本相同。这让我想起了一个在很多理论化的情势下对我有帮助的口号，即"人人都是将军"。也就是说，在理想或完美的社会或情况下，每个人都能成为一个功能性的领导者，只要他是最合适的人选——他可以控制，可以指挥，发号施令，判断形势，等等。在一个民主社会中，每个人都应该是将军，都应该是上司，或者至少是某些情况下的领导者。这有点像说每个人都应该重视 B- 价值观念，应该为正义而义愤填膺，应该想要促进真理、美和正义，等等。那么，每个人都应该有足够宽阔的肩膀，这样才能享受到承担责任的乐趣，而不是感到责任是一种负担和超载。

关于这方面的另一个问题是，在大多数情况下，好的老板或好的领导必须有一个心理上的先决条件，即有能力在其他人的成长和自我实现中获得快乐。也就是说，他应该是家长式的或父亲式的。如果要给父亲下一个定义，那就和我给完美老板下的定义一样简单。他必须是上述意义上的强者，他必须乐于承担责任，即养活妻子和孩子；他必须能够在必要时实施纪律，既严厉又慈爱；他应该能够成为船长或将军；他应该能够从看着孩子的健康成长中获得巨大的满足感，从看着他们的良好个性朝着更成熟和自我实现的方向发展中获得满足感。这些也都是对好经理的要求。唯一不同的一点是，好的经理也必须能够成为一个好的 B- 追随者，也就是说，他能够在他必须做的情况下执掌大权，并很好地做到这一点，但他不必事事如此，也就是说，他必须能够在有一个更好的第一小提琴手时做第二小提琴手，并且必须能够像他自己做第一小提琴手或独奏者时一样享受。

关于好父亲也是关于好领导的另一件事是，如果他真的对现实的要求足够敏感，那么他就能够暂时不受孩子们的欢迎。也就是说，他必须能够说"不"，能够管教，能够拒绝，因此，这样的父亲很可能会变得不受欢迎，但他必须能够承受这种情况，因为从长远来看，真理、诚实、公正和客观将为每个人赢得公正的回报。也就是说，一个人必须有不被喜爱、不被欢迎、被嘲笑、被攻击的担当，还要能够看到情况的客观要求并对其做出反应，而不是在这个时候仍然寻求一种人际关系的满足。

（我认为科学作为一个社会特征，体现了所有这些观点。它是"无领导的"，或者说得更深入些，每个科学家都是一个领导者）

# 第二十三章

## 关于优越的人（生物学上的优越和主导者）

我认为，在这里使用阿格里丹[①]鸡（更大、更强壮、更有支配力）的实验是恰当的。它们是优秀的选择者，因此，与此相区别的就是平庸的选择者。在我所阅读的关于管理学的文献中，没有一个人敢于面对这样一个在任何民主国家都不受欢迎的事实所带来的深刻政治影响——一些人在任何特定的技能或能力方面都比其他人优越，而且有一些证据表明，一些人往往是普遍优越的，是出类拔萃者，他们出生时就是优越生物体。对于后者，我可以使用特曼（Terman）的数据，它表明所有理想的特征都是相关联的，也就是说，那些在智力方面有优势的人往往在其他方面也有优势，或者那些因为身体健康而被挑选出来的人往往在其他方面也有优势（这里我有一个想法：这种普遍的优越性会不会是对那些似乎一直不走运或一直走运的人的部分解释？也许这就是谈论"两难"人格的地方）。

达夫的阿格里丹鸡在所有方面都很出色，也就是说，它们得到了最好的东西：它们在支配地位等级中更高，它们更大、更强壮、更健康，它们有更好的羽毛，它们有更多交配的机会，它们得到了最好的食物，等等。但重要的一点是，当达夫分析它们在日常食物上的选择时，从人类的角度来看，它

---

[①] 阿格里丹，来源于单词 aggridant，在马斯洛的理论中指有强大的基因，并对成就事物有强动力的人或生物。

们的饮食比劣等鸡（较小的、较弱的、不占优势的、不太健康的鸡）所选择的饮食更优越。达夫将整个事件巧妙地串联起来，避免了各种棘手的问题，然后将优等鸡选择的饮食拿出来喂给低等鸡。结果是，劣质鸡得到了改善，它们变得更大、更强壮、拥有更多交配的机会，羽毛也更健康，等等——提高了50%左右，但它们从来没有像那些纯粹因体质和遗传而具有优势的鸡那样强壮。

而在管理和工作情况下，这样的暗示就有点令人吃惊。如果我们寻找 B- 领导，也就是那些因体质和遗传以及生物天赋而成为某项工作的优秀职能领导或老板的人（例如，他们可能是最聪明的人），那么这里就隐含着几个假设，一个是他们天生如此，当然，这必须作为一种可能性进行长期的调查（遗传和体质好到什么程度才有高智商、良好的身体、卓越的体能、旺盛的精力和力量、出类拔萃的自我力量等）。

另一个问题是，如何对待这类人。他们将被吸引到上流顶层，就像奶油浮到牛奶的顶端一样。而在某种程度上，这可能与我之前描述的功能性领导的整个概念相矛盾，因为优越的人往往在任何事情上都是优越的，也就是说，也许当他在一种情况下是最好的领导人，在另一种情况下成为最好的领导者的可能性也会更大一点。这像是在问，出类拔萃的领导人、平庸的领导人和追随者是先天的吗？对这种情况，社会应该怎么办？等。这也提出了"反价值观念"的问题，尼采式的怨恨，对优越者的怨恨，对卓越者的嫉妒，引出了憎恨或敌视比我们更漂亮的人、比我们更聪明的人、比我们更走运的人等问题。除非其他人有钦佩出类拔萃者的能力，至少不憎恨他们，不攻击他们，否则没有哪个社会能够运转。除非上级人员由其他人民自由选择和选举，否则任何社会和企业都不可能真正有效运转起来。这也是理想状态下的部分要求。例如，一个人应该能够客观地发现对方的特殊智商水平或体力，然后对他说："你的体力比我强。因此，你更适合做这项工作的领导人。"然后这样去做，就毫无憎恨，也不会感到失去自尊了。

有趣的是，这个微妙的问题被所有人都回避了。例如，我们谈论每个人都有投票权，而事实是有 10% ～ 20% 的人口没有投票权，而且永远不会有。例如，那些被关在监狱和精神病院里的人，那些智力低下的人，那些身体残疾导致一生都住在医院里不能动弹的人，那些必须被照顾的老人，那些无助的伤残者，以及天知道还有多少其他类型的人。这至少是人口的 10%，我们只是告诉他们该做什么，我们把他们当作宠物或某种生物来照顾。他们没有投票权，没有人愿意听疯子或弱智者的意见。如果我们记住从严格的法律意义来说 2% 的人口是智力低下者的话，那么 50 个人中就有一个不是真正正常的、自主的社会成员（毫不起作用）。我还没有想清楚这个问题，但我肯定需要想明白。我认为要做的事情是重读尼采关于奴隶道德或弱者道德与强者道德的对比，这会帮我厘清头绪。

例如，在我们的社会中，有一种倾向，即在任何事情上表现出色的人都会为此感到某种愧疚，并感到歉意。有很多人是

"失败者"，因为他们根本就赢不了，他们太易受干扰、过于内疚、过于自私、过于粗鲁、过于霸道。这种失败者的类型，或者说得好听些是不敢赢的人，确实没有得到充分的研究和分析。好吧，如果我们要理解民主社会中的领导和老板，我们最好研究一下它们，多了解一下他们。

我想到的另一个问题是这样的：虽然从整体上看，不管天生有优势的事实如何，最好是人人都可投一票，但在普通的商业情形下，这显然不是一个好主意，在竞争的环境里，简单务实的成功和生产力意味着企业的生死存亡。无论在什么形态的社会，在这方面真的不应该有任何区别。由于存在自由和公开的市场和竞争，一家工厂需要至少在某一方面经营得出色，否则它就要失败。因此，事实的优越性是必须被找出来的。在普通的企业情形中，人们绝对不可互替，也就是说绝对不能一人一票，至少不应该一人一票。我能想到的唯一允许这种情况发生的条件就是停止竞争，或者是处于受保护的情形下，就像现在西班牙的情况一样，一个工厂可以是绝对低效的，但由于没有竞争，这也就无所谓了。只要世界上存在着自由选择的情况，或者像现在的共同市场那样存在着公开的竞争，只要存在着发掘优秀的管理者和工人的实际需求，也就存在着以最佳方式做事的事实和客观必要性。那些以最好的方式做事的人将会占领整个汽车、收音机或其他东西的市场，而其他人只能在经济上死亡。

那么，对于"阿格里丹人"，问题是，我们应该允许这样的人拥有多少自尊或公开承认的优越感、傲慢、夸耀或健康的自私？在美国，优越感通常被隐藏了，没有人在公司里跑来跑去说他是多么优越。这种事情不会发生，但事实是，随着心理科学的发展，我们对自己的了解越来越多，而且是以一种非常客观的方式：我知道自己的智商是多少，我知道自己的人格测试分数是多少，我知道罗夏测试是什么，等等。虽然允许我在公开场合说我的缺点是什么，但肯定不允许我说我的优势是什么，这是社会的一个真正的弊端所在。我应该说，就经理和老板而言，也是如此。我们以这样的方式安排事情，使老板、领导、将军或成功人士往往被置于防守地位。但是，在一个完全流动的、理想的社会中，就应该是这样的吗？反之亦然，奶油确实会浮到顶端，但是，能够浮到顶端的就一定是奶油吗？

我想起了黑脚印第安人，在那里，财富和技能、智力等之间的关联几乎是完美的。财富是能力的一个很好的标志。在理想的社会中当然也会这样：任何形式的成功和财富以及地位都会与实际能力、技能和天赋完美地联系在一起。事实上，如果我们愿意的话，这才是我们定义良好社会的方式，在这个社会中，所有处于最高层的人都值得在那里，或者那些被选为高级职位的人的确是社会中最优秀的人；而那些社会中最优秀的人必然被选配到最高职位，等等。例如，在美国，我们非常谨慎，不去炫耀。但在黑脚印第安人族群中就不同，他们会毫不掩饰地自夸——这不是那种贬义意义上的，而是与我们在名字后面加上学位的意义差不多，作为我们有权拥有的成就的一个简单标志。

一般来说，大平原印第安人每一次变革或每一次胜利都有权在他们的战帽上插一根鹰的羽毛。我们也有类似的情况，特别是在军队中，把奖章挂在胸前以显示我们有多么优秀，在法国，小红绶带意味着你是学院的院士，或者拥有美国大学优等生荣誉学会（Phi Beta Kappa）的钥匙意味着你是一个多么优秀的学生，等等。我的猜测是，这种率真的炫耀，率真的自夸，是根植于人性的，应该允许其存在，甚至应该鼓励。

所有这些考虑都引出了我在其他背景下提出的问题，即领导者或老板与他可能不得不命令、解雇或惩罚的人的关系。我再次认为，对此我们不妨现实一点，事情的真相是，我们对任何比我们有权力的人的态度，即使是最仁慈的权力，也与我们对那些与我们平等的人，也就是没有那么多权力的人的态度有些不同。这与参与式管理，与民主管理，与商业环境中的人际关系有关。在某些情况下，也许是在许多情况下，对于经理或老板来说，就像现在军队中的将军一样，最好与他可能要管教的人保持一定的距离、客观性和疏远性，就像我们现在认识到治疗师不应该与病人保持任何其他奖励性或惩罚性关系一样。例如，心理治疗师不能当老师，也不能给病人打分，因为这可能破坏治疗的效果。

另外，我想我要再次声明，在许多情况下，领导者不应该像其他人被允许和鼓励的那样对自己进行表达和公开。在这里，我再次想到关于处在危险中的船长、外科医生或军队中的将军的例子，他们可能会有各种隐秘的疑虑和恐惧，等等，但他们最好闭上嘴巴，而不是自由地公开他们的焦虑。原因很简单，这种公开的表达方式会破坏团体的士气，使大家失去信心等。也许，最好把它作为一般老板的要求之一，即他应该有权力和能力保持缄默，不表达任何会导致团体机能障碍的事情，必须自己承担可能出现的担心、焦虑和紧张，这也是必要的责任（确保这里没有混淆公开和聆听的意义。当然，任何好的管理者或领导者的一个特点是他能够知道发生了什么。因此，他必须眼观六路、耳听八方吸收和接收信息，能够仔细观察。但这与公开意义上的谈话和揭示自己和自己的内在经验是不同的）。

作为一个领导者的优势之一是可以自主行事。这意味着老板是一个特别需要按自己方式行事的人，或能从中得到什么特别的乐趣。然后，假设 B- 领导喜欢并培养 B- 价值观念，那么，他的自主行事就意味着有能力、有权力把世界上需要纠正的事情纠正过来，并从中得到极大的个人乐趣。如果我想成为 B- 领导，那么我必须从做好工作或看到从做好工作中可以得到的特别乐趣，形成一个良好的、高效的、平稳运行的组织，或拿出一个特别好的产品，等等。这是一种更高层次的工作本能，今后必须非常认真地对待。

这种理想状况所暗示的另一点是，B- 领导最好是弗洛姆（Fromm）所说的健康的自私人。据推测，如果他遵循自己的私人冲动，只做他最高兴的事和他本能倾向于做的事，摆脱最让他烦恼的事情，并尽力在满足自己的过程中获得快乐，那么这正是对世界有益的事（因为他最高兴的是改善世界，而他最恼火的是看到 B- 价值观念被破坏）。这里又是一个典型的协同作用的例子。他可以通过允许自己做一个完全自私的人，通过我们希望他或鼓励他做一个完全自私的人，以及通过遵循他根据自己的冲动去做事情，来证明这正是使世界更美好的最佳方式。

另一种方式是将 B- 领导的这个概念分为 3 个层面（用三维概念解释）。假设有一家企业是由 300 人创办的，那么从长远来看，这 300 人会选择什么样的管理原则？也就是说，什么会符合他们的各种利益。让我们假设他们是聪明人，而且相当健康，那么我认为可以证明，他们将不可避免地要拿出开明管理原则；他们将不得不雇佣或选举一个 B- 领导（如果他们需要一个领导者），他们将不得不成为 B- 追随者；他们将不得不引入工厂的指令和目标，以追求他们自己完全自私的利益，一方面考虑工厂的生产力、利润、良好的组织，另一方面考虑所有的个人发展问题、成长、自我实现、快乐的工作场所，等等。在理想情况下，所有这些东西在理论上必须是协同的。

当然，这 300 人的团队肯定不希望企业失败。那么，让企业不失败的最好办法就是拥有最好的管理、社会组织以及个人成长，等等。在这里，一切都按逻辑有序地进行着。首先，要投票确认他们可以在其中享受生活，享受工作的条件，这显然是非常可取的，特别是由于这 300 人中人人都是将军。需要指出的是，这项新的管理事业的好处在于，无论你从哪个角度出发，无论是从对个人发展最有利的角度，还是从对赚取利润和生产好产品等最有利的角度出发，结果似乎是完全一样的。至少从长远来看，对个人发展有利的东西也对生产好的汽车有利；对生产好的汽车有好处的也对拥有一个能长期运作的好工厂也是有好处的，这对工人的个人发展也有好处。

我要引述坦南鲍姆论述领导的著作中的一段话："经理通常在他们对其他人的信任程度上差别很大，这也延续了他们在某一特定时期所监督的特定员工身上"。对"信任"的强调再次让我想起了民主管理的新虔敬和新教条之间的对比，它可以与现实和对现实情况的真实诊断形成对比。在这段话中，坦南鲍姆继续指出，对人的信任问题作为一种性格特征，在不同的经理之间当然是不同的，但也涉及"谁最有资格处理这个问题"的现实问题。有时，信任是现实的；有时，信任是不现实的。相信精神病患者或偏执狂是一件非常愚蠢的事情。任何说我们必须信任所有人的教条都很可能是不现实的。

他还提出了直接性这一性格特征的差异问题。"有一些经理似乎更舒服、更自然地发挥着高度指导性的领导作用。解决问题和发布命令对他们来说很容易。其他经理似乎更适合在团队角色中运作，他们不断地与下属分享他们的职责"。这不仅是性格上的一个变量，也是情况上的一个变量。有一些情况需要高度指导性的领导者，如船长、集团军司令或潜艇司令；还有一些情况则需要现实的团队分享者。这就是说，我们必须接受这两个变量的现实，然后努力将合适的管理者安排到合适的环境中去。当然，我们必须非常小心，不要落入将高度指导性的领导者视为不民主的陷阱。有些人的体质是这样的，我们要做的是理解这一点，尽可能地接受它，并在最有利的情况下将其用于最有利的用途。这里的一个危险还是教条主义。

我认为我们应该增加一个因素，它在善于指挥的领导人的心理构造中还没有得到充分的讨论，那就是更强的格式塔动机。有的人比其他人更讨厌缺乏整洁、缺乏秩序、缺乏美学上的完整、缺乏完整性，等等。他们是那种非要把墙上皱巴巴的画抚平的人，比起其他人，这幅画更令他不安。这是一种比其他人更需要完美环境的人，对他来说，有能力做到完美是非常美妙的事情。事实上，这可能是对拥有权力的主要回报。这样的人可能愿意承担所有的麻烦、责任、刺激和对权力的自我牺牲，只是为了让他能在自己的手中保留权力，摆脱恼人的不完整、缺乏整洁、缺乏封闭等问题。

这类事情应该是对通常讨论的补充，在通常讨论的基础上更多的是围绕着天赋优势的问题，而忽略了主导权。即使是关于天生优势的问题，领导力理论的学者们也还没有很完全地描绘。他们似乎不知道在动物身上已经做过了大量工作，尤其是在猴子和猿猴身上。在我看来，这些材料几乎没有问题，在所有因素中，优秀是一种天生的决定因素。也就是说，我们可以假设，人们在需要控制、需要服从、需要被动或主动、容易愤怒或容易逃避等方面的素质是天生不同的。他们还应该补充关于肾上腺素和去甲肾上腺素之间差异的新的生理学信息。仅仅是这个可能是遗传的因素，就足以解释在喜欢斗争、容易逃避、主动或被动方面的大量个人差异 [9][12][19][28][78]。

　　然而，在讨论领导力时，我不想在复杂和众多的变量中遗漏这种被忽视的或骇人的变量。在所有的普遍情况下，领导者往往在所有的理想特征方面都很出色，这也是理所当然的。根据现实的客观要求，领导者应该比追随者更有效率，更有能力，更有才华，更有实际意义，也更有可能确保成功的结果。坦南鲍姆在其著作中非常正确地强调了成功的领导者所应具备的洞察力（显然，一个盲目的或对信息不灵通的领导者不可能很好地评估形势，因此更有可能不成功）。但是，这种卓越的感知力，这种更强的 B- 认知能力，与心理健康相关，这意味着心理健康与成功的领导力是相通的。

# 第二十四章

## 十分卓越的老板

有一种特殊的现实情况会时不时地发生，这让我们所有的民主人士感到非常不安：那就是某个人在事实上比他的同事占有很大的优势。这往往会混淆整个情况的必要条件的核心问题，以及应该采取什么样的领导方式。例如，在 5 个智商为120 的人和一个智商为 160 的领导一起共事的情况下，讨论和参与性的管理方式显然是不可能的，或者至少是代价较高的。把事情说出来，让人们自己去发现问题，让人们慢慢地参与到解决问题的过程中——所有这些在这种情况下都比在更普通的情况下要困难得多。卓越的人在这种情况下很容易变得极度不安和烦躁，而且由于必须控制和抑制自己的冲动，这对他的身体造成的压力会更大。他可能会很容易且迅速地看到事实的真相，但其他人还在苦思冥想，让他闭上嘴巴可以说是精神上的折磨。

另一个问题是，在意识的这个层面或那个层面，每个人都会察觉到这种智商上的差异，从而就会造成智力低下的人慢慢地陷入等待智力高的人给出解决方案的习惯。也就是说，他们不太愿意努力工作，因为工作是无用、无意义的。当他们知道了上级可以在 3 分钟内找到解决方案时，为什么还要为解决某个问题而流 3 天的汗呢？因此，这就会出现所有人都变得更加消极被动。相比之下，他们可能还会觉得自己的能力比实际要差，比实际要更愚蠢，等等。

　　除了这些直接后果，敌意和怨恨肯定会在无意识的层面上出现然后发展。每个人对实际情况的认识越少，就越有可能出现反感的情绪。在内心里感到自己愚蠢的人，很可能认为自己是被憎恨的目标，也就是说，他认为对方是想让他感到自己愚蠢，然后他就会为了维护自己的自尊而变得敌对和愤怒。我预测，每个人对这种情况了解越深入，就越可能较少地产生怨恨和敌意，至少在正派的人中是这样。这样就不太需要压抑和防御机制来维护自尊。

　　那么，在这种情况下，另一个重要的变量就是时间和时间跨度。显然，在需要快速决定的情况下，上级必须快速、直接、权威地做出这些决定，而不需要与其他人过多讨论。命令必须下达，必要时根本无须解释。另一方面，如果有很长的时间跨度，如建立一家持续 50 年或 100 年的企业，特别是领导者去世后企业还要持续稳定，那么就需要更大的耐心和更多的参与性管理，更多的解释，公布更多事实，对事实给予更多讨论，并就结论达成共识。从长远来看，这是培养优秀管理者和优秀领导者的唯一途径。我想在这里，良好管理的两个主要目标之间应该有一些对比：单纯的生产和利润目标会使出类拔萃者更加专制；开发人格进而培养有晋升可能的管理者和成功者的目标会迫使合法的优秀的上级采取更多的讨论和参与性管理，远离指令性和权威性领导。这又有点像是在说，理想的管理政策是在良好的条件下，对优秀的人进行管理的最佳选择。如果我们有一个和平的、有一个不会发生紧急事件的社会，我们可以耐心地致力于改善人类，那么，即使在这个非常特殊的合法公认优势条件下，更多的参与性管理也是更可取的。

同样的情况也可以发生在某些人格特质上，特别是一个人的自我力量，我把它定义为容忍焦虑、抑郁和愤怒的能力超过平均水平。如果领导在这一特质上比他管理的同事们要强得多，那么我们就很容易在类似于公认的高智商的情况里工作。这样的领导会把各种事情都扛在自己的肩上，不解释，不参与，只是因为他认识到自己比其他人更有能力处理问题。

[我想我可以在这里使用我对偏执狂领袖的分析。总的来说是要理解为什么像希特勒、麦卡锡参议员、一些伯克希尔主义分子等明显不是很正常的人身边，能够聚集这么多的追随者。很清楚的是，他们能够达成这一结果是因为他们是如此果断，如此肯定自己，如此坚定不移，如此确定自己想要什么和不想要什么，如此清楚地了解对与错，等等。在一个大多数人没有身份，或者说没有真正的自我的国家里，他们对是非、善恶都很困惑，他们对自己想要什么和不想要什么基本上是不确定的，那么他们就很容易崇拜和屈服于任何似乎肯定知道自己想要什么的人，并会寻求被其领导。由于民主领袖，也就是一般意义上的非独裁者，往往以宽容和承认无知为标志，愿意承认自己并不了解一切，所以有时对受教育程度较低的人来说，果断的偏执独裁者看起来非常有吸引力，可以解除追随者的所有焦虑。在此引用陀思妥耶夫斯基（Dostoievsky）的《卡拉马佐夫兄弟》（*The Brothers Karamazov*）中的"宗教大法官"

部分。在此也引用大卫·雷斯曼（David Riesman）"毫无自我
主张"的人。还有弗洛姆（Fromm）的"机器人人格"。嗯，
偏执狂特征显然是在任何情况下讨论领导时的一个相关变量]。

　　能够果断的人，能够做出决定并坚持下去的人，能够明确
知道自己想要什么的人，知道自己喜欢这个、不喜欢那个、没
有任何不确定因素的人，不那么容易变化的人，更容易被依靠
的人，不那么容易被暗示、不那么容易被矛盾影响的人，一般
来说更容易被选为领导者。我认为这可能就是为什么强迫症患
者更容易频繁地被选为行政类型、执行类型或领导类型的人。
他们只对自己喜欢和不喜欢的东西更明确，不容易改变，等
等。这可能是出于病态的原因，对于心理学上未发展成熟的人
来说，这一点并不容易被察觉。

　　我也可以在这里引用麦格雷戈的一段话，在"趋向没落的
信任"那一节有一句话很像坦南鲍姆说过的话："想想一个让
人受到较少尊重的经理。他认为自己是少数精英中的一员，被
赋予了不寻常的能力，而把大多数人看作能力相当有限的人。"
但我对此提出反问，假设他真的具有不寻常的能力呢？假设他
的确是一个小规模的精英阶层的成员呢？假设他在某些方面真
有不寻常的优越性呢？麦格雷戈没有充分考虑到这是一种真实
的可能性。我必须向麦格雷戈指出，这种对不寻常的优越感的
现实认识，绝对可以与坚持 Y 理论相一致。事实上，大有作
为的经理可以同意麦格雷戈对普通人的智力和能力的相对高
的评价。

他认为大多数人都有成长和发展的真正能力，有接受责任的能力，有创造成就的能力。他认为他的下属是帮助他履行自己责任的资产。他关注的是创造条件，使他能够实现这些资产。他并不觉得一般人都是愚蠢、懒惰、不负责任、不诚实或对立的。他知道有这样的人，但他希望只在很少的情况下遇到他们。简而言之，他坚持 Y 理论。

但公认的优秀经理绝对可以同意这一切，并且仍然认识到不寻常情况的事实。我认为这整个关于 X 理论和 Y 理论的讨论可以用这种方式来澄清一下（顺便说一下，我还应该提到，这已经不只是一个理论，而是一个事实。对于大多数美国公民来说，有经验性的证据支持 Y 理论，也有大多数美国公民以经验性的证据否定 X 理论。它几乎可以被称为事实"X"和事实"Y"了）。

我感兴趣的是，麦格雷戈仍在使用管理和领导术语，而这些术语对于 Y 理论这种方法来说是非常不合适的。例如，他谈到了上级与下级的关系，他谈到了权威原则、指挥系统等。显然，这些词并不适用于 B- 领导和 B- 追随者，就像它们并不适用于一个真正完整的篮球队一样。我们最好找到其他的词汇（目前还没有找到）来描述 B- 心理学的权威、领导等概念，而不是用我们从专制情况下遗留下来的词，因为专制情况下认为专制领导是唯一的领导类型（对这一结论的支持，是因为缺乏描述 B- 心理学的领导和追随者的概念的词汇）。

　　我试图分析这种强人、强势老板的情况时得出的一个结论：鉴于在这种情况下，无论从哪个方向（即向上或向下）都很难期望沟通的开放性，那么老板可以处理这种情况并避免成为他通常必须成为的压倒性力量（咄咄逼人）的一个技巧，就是经常不参加小组讨论。毫无疑问，如果他想培养他们的能力，那么他最好认识到，当他不在场时，他们会更自由地交谈，更自由地做自己，更自由地实现自己。这是一种方式，他可以表明他对他们的爱，对他们的尊重，对他们的信任，以及他对他们能够自我实现的喜悦。

　　对他来说，缺席各种情况可能是一种损失，但我认为客观事实要求他经常这样做，就像一个非常漂亮的母亲对她不那么有吸引力的女儿所能做的最亲切的事情，就是当男孩在身边时母亲会离开她，不让她们总是觉得自己不如人。非常聪明、非常有创造力或有才华的父母经常不得不做同样的事情，以免孩子受到压抑或使他们感到自卑，使他们感到无助、被动和无望，然后他们的父母匹敌，无论是在绘画能力、外貌、智慧或其他方面都是如此。许多已经自我实现的人往往会对他们的孩子产生了相当不利的影响。这是对这一点的一个非常戏剧性和非常有说服力的证明——许多人认为出众的人会有出众的父母，而出众的父母会有出众的孩子。需要指出的是，有了出众的父母对小孩未必是好事，或者至少这样说，糟糕的父母会造成某些问题，但出众的父母同样也会造成某些问题，这些问题可能不同，但终究是问题。

　　我想我也会建议强势者注意不要落入傲慢态度的陷阱，即虚假的讨论、虚假的征求意见、虚假的团体动力。如果强势者一直都知道答案，而又想尽办法让团体成员觉得是他们自己发现了解决方案，那么大多数情况下这样只会滋生怨恨。当然，这是一个极其困难的问题，一个深刻的人类和存在的问题，事实上，即使在理论上也没有好的解决办法。事实是，巨大的优越感是不公正的，是不应该有的，人们可以而且确实在怨恨它，抱怨命运的不公正和不公平。对此没有答案，因为事实是，命运给一个新生儿一个好的身体，给另一个新生儿一个坏的器官或其他什么，这是不公平的。我不知道有什么好的办法来解决这种情况，这种情况要求诚实，但诚实和真理必然会使人受到伤害。

　　在理想的社会中，在优心社会中，这一切似乎非常清楚，欣赏的能力、追随的能力、选择最有效的领导者的能力、检测事实优越性的能力，所有这些都是被需要的，以便任何文化都能够发挥作用，而且它们必须伴随着对上级的最小对立和敌意。这种对立和敌意在领导情况下有不同的方式。我想说的是，它可以被分割成不同的变量。

　　例如，在我们目前的文化状况中，领导层的人似乎没有谈论或意识到的一个变量是阶级对立的变量。武装部队过去能够很好地处理这个问题，因为军官是上层和中层阶级，因此是绅士，而士兵是下层阶级，因此不是绅士。他们之间的对立，以及蔑视和居高临下的态度，还有其他种种，都被认为是理所当然的。我认为在海军和陆军中，类似的情况可能仍然存在。我的猜测是，即使是在我们这个向上流动的社会中也是如此。必须承认，在陆军和海军或其他庞大的组织或整个社会中，需要一本描写详尽的"法律手册"，很像我们的成文宪法和实际的法律手册和法规，等等。这是因为，这些人是相同之人，如此未经任何挑选，其中包括许多病态的人、非常无能的人、非常变态的人、疯狂的人、恶毒的人、专制的人、不成熟的人，等等，所以有必要制定客观的规则，而不是依靠个别法官、上尉、将军等的良好判断。在这里，我们必须再次强调 T- 小组的高度选择性，强调 Y- 小组的管理者的选择性，强调你会在一个运行良好的行业中发现美国公民的选择，等等。任何合理的聪明的管理人员都会在他们的人事政策中排除许多这些在整个社会中可以找到的平庸的、糟糕的、被削弱的和不适当的人。因此，Y 理论、开明管理理论可以在对人员有这种选择性的地方发挥作用，而在完全非均一的、未选择的社会中，它可能不起作用。

我认为，即使在我们这个向上流动的社会中，上层管理者和下层管理者之间的阶级差异也可能部分地解释了利益、敌对、反敌对等方面的差异。所以对强势 / 弱势变量、上级 / 下级变量和统治 / 从属变量也是如此。例如，我认为这里不仅可以从关于猴子的材料和关于体质强弱、智力和天赋优劣等生理学材料中得出结论，而且还可以从像妓女这样的情况中得到启示。妓女对其顾客的可怕敌意、仇恨、蔑视等，如果得到充分的解释，我相信会对理解一个人被另一个人剥削，或者至少一个人认为他被另一个人剥削的情况有很大的帮助。

在这一讨论中要补充的另一个因素是在脑电波中发现的积极因素和消极因素，这是由弗赖斯在新生婴儿身上以及内分泌学家在男性激素影响（如肥胖性生殖无能综合征）中发现的。这类证据肯定会形成一个相当明确的事实，即在积极和消极以及依赖和接受方面存在先天差异。当然，这将与领导和追随有关［方肯斯坦（Funkenstein）对肾上腺素和去甲肾上腺素的研究数据也是如此］。

整个开明管理政策和领导政策的制定，部分取决于老板们能够放弃对其他人的权力，允许他们自由，并实际享受其他人的自由和其他人的自我实现。这正是自我实现的人的一个特点，也是心理健康成长的特点。健康的人不需要对其他人权威；他们不享受权力，也不想要权力，只有在一些情况下有某种事实上的需要时才会使用权力。这就像健康会使病症消失一样，只是放弃对其他人的权威，然后简单地自动改变了这些人的整个管理和领导哲学，从 X 理论变成了 Y 理论，即使没有意识到人为所做的任何努力。

我想，我对管理和领导力文献的一些不安，以及我对一种新的虔诚和教条的恐惧的总结方式是，将整个理论的组织中心从领导者的个人转向特定情况或问题的客观要求。后者应该是领导政策和追随者政策的主要决定者。

应该强调事实、知识、技能，而不是强调沟通、民主、人际关系、好感，等等。应该更多地屈从于事实的权威。在此强调一点，这不是二元对立或矛盾的。向事实的权威低头、务实、现实等，都倾向于支持参与式管理理论，Y 理论类型的管理，等等，至少在文化足够良好、相关人员相当健康、总体条件不错的情况下。所有这些加起来就是职能型领导，在这种情况下，相对于技能和能力的一般要求，所有一般的个性特征都是次要的。因此，也应该更多地强调对真理的感知，对真理的创造性认知，对新真理的创造性认知，强调正确的事实，在事实方面能够坚韧、顽固和果断，也就是说，当事实说"是"而公众说"不"时，好的领导者应该能够在公众的抵制中坚持事实，应该比现在更多地强调知识和经验，也就是说，强调真正的客观优势。

我不认为这里有什么大问题，因为我确信所有这些人都会同意我的观点，即这是可取的，只是在重点和理论组织与沟通方面稍做转变的问题。可能是我比该领域的其他作家们更强调这一点，因为我非常清楚，真正的、符合事实的上级往往会受到强烈的反感或者钦佩，因此，他们不太可能在民主投票的基础上被选中。这有点像艾森豪威尔·史蒂文森（Eisenhowe Stevenson）所说的，即明显的智力低下者被优先选择，智利明显占优的反而落选。为什么会出现这种情况呢？我想我对领导力的表述会更多地强调这种反敌意、暗中的怨恨、暗中的嫉妒，强调接受这样一个事实：卓越可能被喜爱和钦佩，但也会被憎恨和恐惧。

在这里，我还考虑到盖特泽尔斯（Getzels）、杰克逊（Jackson）和托兰斯（Torrance）关于创造性儿童的新数据。毫无疑问，有创造力的孩子不仅会受到同龄人的迫害和厌恶，也会受到老师的厌恶。我们必须想出一些比受欢迎程度更好的选择领导人的标准，也许如果我们把我们的组织中心转移到对事实的要求上，转移到事实的优越性上，转移到真理的权威上，转移到对现实的要求上，等等，那么从实用主义的角度来看，我们就更容易得到最好的领导人，即使他碰巧不可爱或不受欢迎等。

我想我也要在这里引用德雷夫达尔（Drevdahl）在挑选20位极具创造力的心理学家时得到的数据。他们中的每一个人都有一个不怎么愉快的童年，或者至少报告说有一种作为局外人的感觉。他们可能都在某种程度上被社会拒绝（我怀疑他们中的每个人会在任何大众化比赛中获胜）。但他们的实际优势在大多数情况下是非常有利的。我们必须学会选择这样的人，重视他们，即使我们不爱他们，即使他们让我们感到不舒服和矛盾，或者他们让我们陷入冲突，或者他们让我们有点怀疑自己的价值。我想这归结为我在我的启蒙著作中经常强调的一点，除非我们发展出欣赏优越者的能力，否则建立一个良好的社会是不可能的。

# 第二十五章
## 关于箭头湖的非结构小组

我有很多感想，事实上它们还是混乱的，需要时间来沉淀和梳理。然而，我想在它们消失之前解决其中的一些问题。

查尔斯·弗格森（Charles Ferguson）在《加利福尼亚管理评论》（*California Management Review*）上发表的一篇文章使其中的一些观点变得更加有力。弗格森强调小组是非结构的，这确实有助于使我自己的许多模糊想法变得清晰。一旦我开始将这些小组（它们的效果和现象）与罗夏测试和其他投射性及非结构性测试的特点相比较，就可以看到精神分析情况下非结构化与小组之间的关系。同样明显的是与道家学说中的"无为而治"有关——让事情顺其自然，按固有的方式和风格发展。

这也与卡尔·罗杰斯的非指示性相似，我也可以很好地理解这样的结论是如何得来的。我可以把它们与我对生命中其他6个阶段的理论知识结合起来。我建议这个领域的其他人也来做同样的事情。他们似乎都忽略了一个事实，即非结构化的动力学已经在其他6个领域发挥作用。

现在我有了另一个想法。我回到马克斯·韦特海默（Max Wertheimer）关于非结构谈话中的思想，并回忆起这个概念在谢里夫（Sherif）实验、阿什（Asch）实验和著作中是多么有用，这又是一个相似的理论。

所有这些相似之处加在一起，显示出阻止结构化的力量是多么强大。我的第一个想法按照我在《动机与人格》中的心理治疗章节的思路，将精神分析的自由联想与罗夏测试中使用非结构化墨迹的效果进行了比较。其主要观点是，在有结构、有组织、有法律的世界，我们倾向于让自己适应它。我们倾向于成为一个乖孩子，对恶作剧假表同意，避开正面冲击，使自己融入社会结构中。我在布兰迪斯大学心理学研究生部了解到，缺乏结构性和顺从性会提供非常好的氛围，能够激发最深层的心理力量，具有自我实现的倾向；但我也了解到，缺乏结构化，可以使人的所有弱点浮出水面——缺乏能力、障碍和抑制，等等。也就是说，非结构化的情况往往要么使他们成功，要么使他们失败。许多人的结果要么是惊人得好，要么是完全失败。

我发现，在我们这种情况下，许多人是失败的，但在更传统的研究生学业中，他们可能是成功的，他们可以学习一门又一门的课程，累积一分又一分的学分，参加一场又一场的考试，生活在一个有结构的、有权威的世界。在这种情况下，生活将是一个循序渐进的过程。他们总是被告知该做什么，不需要有任何的主动性。后来我意识到，我们系里的情况就很好，甚至对失败者来说也是如此，因为他们在 25 岁而不是 45 岁的时候就知道自己对心理学没有什么浓厚的兴趣，甚至知道自己根本就不是他们认为的那种专注的知识分子。

好吧，这种事情似乎也发生在非结构化的团体中。这些人一直生活在一个总是告诉他们该做什么的世界里（这个世界让他们的生活变得简单，告诉他们下一步是什么，把他们放在一个像自动扶梯一样的地方），这个世界从未让他们发现自己的弱点和失败，更不用说他们的优点。在我讲述心理治疗章节中，我对于结论这样表述：如果你要取消塑造行为的外部决定因素，行为就会被内部和心理内部的决定因素塑造。因此，找出这些心理内部决定因素的最好方法就是去掉外部决定因素，即外部结构化。这正是在罗夏测试和精神分析法的诊室中所发生的事情。我认为这也正是我在箭头湖看到的非结构小组中所发生的事情，以下是我对它的看法：

这是了解心理世界和心理知识领域的入门课程。这是通过从内部体验（而不是讲授或阅读）来完成的（通过他人的反馈，使我们更加意识到自己心灵的存在，从而帮助我们以较少混乱的形式体验我们的内心世界）。这些向内的转向和这些对内心体验的觉察最好是在非结构化的情况下进行（弗洛伊德、罗夏、罗杰斯、陶、无为，等等）。

仔细想想，另一个非常简单的例子，就是一位嫁给了专制的丈夫的女人经常会遇到的事情，尤其是在父权制的社会里。40 年来，她们可能是"好妻子"，非常孝顺，忙里忙外，做不得不做的事情，照顾孩子，照顾家庭，等等。后来，发生了意外，丈夫突然去世，或者女人与丈夫离婚，或者她离开了丈夫。了解她的人突然发现她变成了另外一个人，甚至对她自己来说自己也变成了一个完全不同的人，她的才能显露出来了，这是完全出乎意料的。例如，我认识一个人，她在 40 多岁的时候成为一名优秀的画家，而她以前丝毫没有注意到自己有这种天赋，甚至没有创作的冲动。这就像一个盖子被掀开了，好像被压制的人、被隐藏的人第一次被允许露面。许多寡妇以及离婚者，当然会发出一种解脱的叹息，在最初的震惊和恐惧之后，感受到了自由的美好，意识到自己几十年来是如何被压制的。他们突然意识到自己一直在自我否定，自我牺牲，总是把另一半、孩子和家庭的利益放在首位，把自己的利益推到后面。好吧，这是个非常好的例子，几乎是一个非结构化群体工作的视觉形象。结构化像是一种盖子，一种抑制物，一种将下面的物体掩盖起来的东西。如果你让一个人忙里忙外，那么他就永远没有时间坐下来，让内心深处的泉水涌出来。

我要说的是，我参加的第一个小组给我的第一印象是震惊和惊奇。这些人的行为和谈话方式是自发的、自由的，我马上把他们与接受过精神分析的人联系在一起，也就是与那些已经接受过精神分析至少一两年的人联系在一起。这让我一下子就混乱了，我不得不以我的办法解决这个问题。我必须重新审视我对所有团体动力学理论的看法，重新整理那些我一直认为是无效的谈话、交流的看法，我发现它们过于主观而非注重实际。好吧，在这一点上，我只能重新整理我的想法。我一直认为，按照精神分析的观点，任何变化都要人们花两三年的时间才能实现。那么，显然它可以发生得更快，尤其在这种社会情况下，会快得多。我想这是我在这次经历中思维产生的最重要的变化。

而这与我以前的思维方式的另一个区别，我想是来自对人际关系、社会及团体关系是心理、社会和人际行为的决定因素这一点的强调。这里的变化是在此时此刻的这种情况下（而不是通过遗传、历史或在深度剖析一个人的内心深处）。也就是说，精神分析学家们认为行为的主要决定因素隐藏在人的内心深处，即它是一个人内在的，而不是来自社会或人际关系中。这些小组中的人士表明，我们最好更多地强调当前的社会人际关系状况是人际行为甚至是自我意识的决定因素。

（我在这里想说的是这样一件事情：也许发现自我的身份更多的是从一大群人那里得到的反馈，即我如何影响他们，我对他们有什么影响，他们如何看待我，等等。这有助于我看到自己到底是一个被动的人还是一个有主见的人，是一个温和的人还是一个对他人充满敌意的人，等等）

这正是我们所想表达的——发现自我，发现"我是谁"。也就是说，当前的社会状况是，行为的决定因素被强调得更多，而深层次的心理被强调得更少，而存在于内心深处的决定因素也被强调得更少。这些小组中的人员没有探究个人的历史，没有探究他的神经质态度的起源，就得到了这样的结论，这本身就是他们的论点的一种证明，即你不必探究那么多。

我想我们最终会得出某种更复杂的陈述或方程式，来解释所有这些疗法、自我改善或寻找身份之间的适当关系。结果发现最好的处方可能是先在 T- 小组中待上几个星期，然后接受一段时间个人治疗，然后再回到 T- 小组中，如此反复。在任何情况下，正统虔诚的弗洛伊德精神分析学家肯定会因这些结果所动摇。我甚至怀疑，在这些 T-小组中可能发生一些事情，而这些事情在个人精神分析中永远不可能发生，无论需要多长时间。有些类型的反馈我们可以从其他人那里得到，但根本无法单单从一个人那里得到，即使他是积极的，而不是消极的或非指示性的。

我们必须强调，或者无论如何都要明确，自我认识的事情是通过其他人的反馈来实现的，这些人首先学会了足够敏感地感知，其次是足够自发地自由表达，并且能够很好地处理敌意，以便他们能够说出批评性和破坏性的论点而不会引起别人的自卫行为。我认为所有谈论过自我追求的人（韦利斯、弗洛姆、霍尼等）都没有充分强调这样一个事实：很多其他人把我们给他们留下的印象反应给我们，以便我们最终对自己有一个相当清晰的认识，最后得到的结果却不甚清晰。

这让我想起，我曾向箭头湖的几个人推荐过我这个老套的想法——谈论我们的照片，为了达成自我治疗、快速治疗的目的，照片有从背面拍摄的，也有从正面拍摄的，这些都是趁我们不备的时候进行的——这些照片可以告诉我们许多关于自己的事情，不仅是我们看起来像什么，不仅是我们的表面形象，不仅是"面具"，还有我们真正的、深刻的东西，比如，我们的身份是什么，我们的个性是什么，我们真正的自我是什么。当然，这里面有危险。我们最终会犯哈里·斯塔克·沙利文式的愚蠢错误，把自我定义为我们在许多镜子中的映像。但我认为避免这个错误也很容易，因为无论如何，有足够强大的身份认同的人，足以拒绝关于他自己的虚假陈述，拒绝弗洛伊德式的投射，等等，尽管他们被很多人认同。

也许这将是一种实力的测试，也许我们甚至可以教人们，教会他们这种测试，也就是说，像阿什描述的情况或克拉奇菲尔德（Crutchfield）实验。在克拉奇菲尔德实验中，五六个对实验主题意见不一的助手向他撒谎说达成了一致意见。我们知道，在这种情况下，3个人中大约有2个人最终会不相信自己的眼睛。我们是否可以在小组中使用这种训练，教人们何时相信自己的眼睛，何时相信其他很多人的共同判断，等等。

在我观察一些现象的时候，一个想法一直在我脑子里闪现，那就是对这整个事情的另一种处理方式，我们称其为诚实训练或自发性训练，训练单纯的感知和单纯的行为[89]。另一个能做概括性总结的短语在我脑海中闪过，那就是亲密关系的训练。给我印象最深的是，人们挣扎着放下他们的防御、警惕和"面具"，因为一旦发生这种情况，他们就不那么害怕受到伤害了，并且他们希望这可以发出一个信号，让别人反过来也这样做。同时，这也是一个让别人放心的信号，"嗯，你的秘密看起来并不是那么可怕"，或者"你以为自己是一个如此沉闷和无趣的人？实际上你真的给人一种深刻而有趣的印象，让人容易相处。"

记得我参加一个小组时，说到了库尔特·勒温和沃尔特·托曼（Walter Toman）的观点，即美国人比世界上其他国家需要更多的治疗师，因为他们不知道如何亲密，与欧洲人相比，他们没有亲密的友谊，因此，他们真的没有交心的朋友来互吐心声。我大体上是同意这一点的。在治疗师办公室或在这些 T- 小组或团体精神分析中发生的许多事情，实则是一种人为的弥补，因为你没有可以亲密交谈的朋友，来表达你最深层的愿望、恐惧和希望，来减轻你的精神负担。库尔特·勒温很久以前在比较美国人和欧洲人的性格结构时说过这一点，我想其他人也说过这样的话。

在我看来，他们的观点是对的。例如，在我熟悉的另外两种文化中，墨西哥人和黑脚印第安人，他们亲密无间的友谊很令我羡慕。每当有人想到这个问题或问起这个问题时，我都不得不承认，在这个世界上我并没有很多让我喜欢的朋友。当然，有很多获得友谊的方法，我有很好的朋友，无论如何，我可以和他们讨论我的生活，但世界上没有人可以和我亲密到像我和我的精神分析师那样亲密无间。这就是为什么我们必须支付每小时 20 美元或 25 美元的费用只为让他听我们说话，并偶尔做出回应，而且让我们拥有倾吐心声的神圣特权，有与一个完全信任的人、不用害怕他的人、他不会伤害我们的人，不会利用我们的弱点谈话的神圣特权。

我想，如果从整个文化的角度来考虑，我会延伸这个原则——自我公开、尽力诚实、尝试亲密、尝试学习敞开心扉的原则。为了了解这种感觉有多好，效果有多好，我们至少可以向熟悉的人这样做。在我们放弃了某种有罪的秘密，表达了对残疾的恐惧，对未婚的恐惧，担心离婚等事情之后，我们可以感到多么的自由。当然，我想我要在我的优心地图中添上一笔：即便在有赞同和反对两种情况时，所有人都能自由地发表意见，感觉就像是在向他们的兄弟姐妹表达爱和责任。也就是说，开明的人要很自由地、不加掩饰地告诉每个人，尤其是孩子："我很高兴你这么做""你做了件好事"，或者"这不是一件该做的事""你做的事让我很伤心和失望"……

在我的印象中，这就是布鲁德霍夫（Bruderhof）的工作原则。他的团队认为，以这种方式对其他人坦诚相待，是基督徒仁爱的一个方面。他们声称，他们的礼会中没有神经症。这也是我从牧师范·凯姆（Van Kaam）那里了解到的。显然，在他的教区里，以这种方式以诚相待是牧师的职责，即使这会带来伤害。因此，如果他的教员中有一个人是个令人讨厌的教师，因为他不停地嘟囔，那么就可以指出他的问题，这样才是尽了兄弟般的责任。如果只是因为没有足够的爱和勇气去冒伤害他和让他反击的风险，而让他永远犯同样的错误，这才是无爱心的。

好吧，当然在美国我们不怎么干这种事情，我们只在愤怒的时候批评人。我们对爱的定义通常不包括批评、反馈或反思的责任。但我认为我们最好改变这一观念。有趣的是，如果这种对不愉快事实的反馈能够发生，它就会产生两个方向的爱——被诚实批评的人可能暂时受到伤害，但最终他得到了帮助，会变得感激别人。总之，对我来说，如果有人觉得我足够强大，足够有能力，足够客观，以至于他可以告诉我他在哪里犯了个愚昧至极的错，这是对我表示尊重的一个重大标志。只有那些视我为娇弱、敏感、软弱、脆弱的人，才不敢与我有不同意见。我记得当我恍然大悟，我的那些研究生学生为什么从不反对我的观点时，我感到莫大的侮辱。我最后得出的结论是：天啊，他们是怎么看我的？我是一个如此脆弱的生物，以至于他们认为我无法忍受辩论吗？然后我就告诉他们，表达"意见分歧"在两个方向上都有帮助。当然，这让我对他们的感觉好多了。

我想，这一切加起来就是一个从"亲密关系训练"的组织中心来解释所有这些群体过程的小小练习，然后从这一点来构建整个理论和整套观察资料。它真的有用。我认为它带来了某些在我们使用另一个诚实的中心点、某种经验开放的中心点、变得更自发和更有表现力的中心点、任何可能的中心点时，不会出现的东西。每一个中心点都有它自己的优势，并解开一些其他中心点无法达成的事一个完整的练习将是采取每一个可以想象的中心点，然后试图从这个角度来组织所有的数据。

无论如何，为了继续说明关于T-小组和开明管理的概念，我又回到了我在1938年和1939年对我的布鲁克林学院小组治疗的经验。一般的观点是（我想我会在这群人身上试试，看看他们怎么想），从社会的、哲学的、开明的、改善世界的角度来看，所有这些自我公开和亲密关系的增加使个人和团体更好，也使人际关系更好。我有很多这样的例子，许多是从个人治疗中得到的，为了说服其他人相信这会带来一种良好的自由（加入联合国的基本自由中），可以很简单地列出一个很长的清单，例如，对我们的兄弟（所有的人都是我的兄弟）有自由、义务或责任，尽可能多地袒露自己，并诚实地、尽可能温和地将他们给我们留下的印象反馈给他们。当然，这将是把整个人类联系在一起的一种方式，使个人心理更加健康，使团体、大型团体和组织更加健康，并使整个世界更加美好。

当然，也有一些问题出现了——我完全无法回答的问题，我想还没有人能够回答的问题。比如说，这些 T- 小组实际上是"温室事物"。其中的代表全部是自选的学生，并为此付了很多钱。他们来到一个美丽的地方，在非常优秀的人的支持下工作。我记得，培训师和领导总体上是层次非常高的，他们似乎都很有能力，当然也都是特别体面的好人（嗯，这对小型试点项目来说是非常成功的）。我记得在布鲁克林学院的情况，当时一小群热心人创造了一门普通社会科学的新课程，把心理学、社会学、人类学和天知道的其他东西放在了一起，给学生们开设了有史以来最精彩的课程。每个人都赞不绝口，非常高兴，他们所做的是让所有的新生都必须学习这门课程，但很快就出现了能胜任的教师短缺的情况。整个事情最后变成了一堆垃圾。原因很简单，第一组由四五名经过挑选且正好适合讲授这门课程的教师组成第一小组，后来发展成了由五六十名教员组成的十个小组，但世界上没有那么多适合这项工作的人。当然，在布鲁克林学院也没有那么多这样的人才。因此，各种不称职的人成为教师，结果毁了整个课程。

我们需要训练有素和具有某种性格结构的领导人。他们必须有点像慈爱的母亲，又有点像严厉的父亲，还要有点像能够热心、乐于助人的人，从行善中得到快乐的人，等等（嗯，世界上不是每个人都是这样的）。我们该如何对待那些强迫症患者？我们该如何对待精神分裂症患者？我们应该如何处理那些急于加入这些小组，但其目的是毁掉它的精神变态者呢？这些人和这些学生自己都是一个相当高层次的群体，是从全国人口中挑选出来的精英（好像是直接从顶端撇下来的奶油）。我们应该如何处理那些沦为徒具形骸占绝大多数人口的人呢？他们不可能接受任何东西，也不可能做出任何事情。我想，试着让他们接受是在浪费时间，是无用的。也许应该试验一下——如果我们以一种开明的方式来思考这些群体，也就是说，从联合国和未来的美好世界等角度出发，而不是从还不到人口 1% 的被选中的幸运者的角度出发。

同样，通过个体精神分析逐个地改变人，进而改变世界的方式绝对是没有用处的，原因很简单，因为精神分析家太少了，而且永远都是如此，同样，在全国各地形成的少数 T- 小组，就整个社会的普遍社会运动而言，简直是沧海一粟，更不用说在整个世界了。然而，尽管如此，事实仍然是，这种技术可以扩大，这些原则可以在比现在更多的情况下使用——例如，应用于学校的小孩中。我不知道有哪个地方的小孩的情况糟糕，到不能应用，应该没有什么能阻碍我们用非常有帮助的方式与五六岁、七八岁的小孩交谈。

当然，必须眼观大局，我必须说，我读过的所有关于管理和组织理论等方面的书，根本不够全面。它们缺乏高度和远见，以及独到的见解。它们是以一个特定的工厂、一个特定的地方或一个特定的 20 人小组的视角来写的。这一大群作家和研究人员必须学会从 2 亿人和 20 代人的角度来思考，而不是以运作一个小杂货商铺的管理方式去思考。他们必须变得更有格局，更有哲理，能够看到永恒的一面；他们必须能够把人看作一个物种，一个种族，看作一个巨大的兄弟团结体，他们彼此之间只是在一些并不重要的方面略有不同。好吧，也许我会着重强调这一点。

这让我想起了我在小组治疗实验中尝试的一个实验（每年一组，持续两年）。这个实验要求每个人除了参加一个大约 25 人的小组，还要充当小组中另一个人的病人、讲述者、倾诉者或解压者等身份。然后每个人在与另一个人的关系中扮演两个角色。也就是说，每个人都是另一个人的病人，也是另一个人的治疗师。我对这两个小组的所有 50 人进行了培训，尽可能快速地培训了罗杰式良好倾听的基本知识，教他们倾听和保持沉默，等等，然后，我还向他们讲授了精神分析的基本规则，即自由地说出他们脑海中的任何东西，而不是批评它、构建它或做任何其他任何事情。我向黑脚印第安人朋友也做了同样的事情。他们自然而然地结成了他们所谓的"特别喜爱的朋友"，他们与这些朋友非常亲密，而且随时准备为这些朋友献出自己的生命。

我在这里想说的是，这些人际关系的治疗性成长——促进各种关系，这些关系建立在亲密、诚实、自我披露、敏感地意识到自己之上，从而反映自己对他人印象的责任，等等——从严格意义上说，这些都事关极有突破性的策略，即把一个社会的整个方向转移到一个更可取的方向。事实上，如果这样的事情得到广泛实施，它可能是另一种意义上的突破、革新。我认为整个文化会在 10 年内改变，其中的一切都会改变。

我一直试图尽可能多地归纳出这些治疗小组的技术和目标，个人发展小组可能是一个不错的名字。首先，我认为最明显的是，通过他人的反馈，可以了解一个人的社会刺激价值观念。在非结构化的团体中，我们最深层的特征有可能被显露出来，因为我们可以看到自己最深层次的内心世界，而不是我们外部的社会角色和刻板印象。这里的重点是，第一，承认自己身处于一个可以完全袒露自己的环境中——我在别人眼里是什么样子？我如何影响他们？他们在我身上看到了什么？他们同意我的观点和做法吗？我是如何以不同的方式影响不同类型的人的？

第二件被强调的事情是可以被称为"此时此刻体验"，或者像罗杰斯描述的那样对体验的开放性，或者我称之为纯真感知，等等。这里强调的是既要体验一个人最内在的心理，也要学习仔细地体验其他人，像体验自己那样去体验别人，也就是说，要能够真正地倾听，真正地观察另一个人，用"第三只耳朵"真正地听懂他演奏的音乐以及特定的音符和词语——他想说什么以及他实际上在说什么。这都是感知训练[94]。

第三，之所以与前两点分开，是因为第三点要强调诚实表达的能力，即自发的能力；不仅要感知，还要能够没有抑制，没有虚妄的抑制或阻碍，诚实地说出和表达感受到的或感知到的东西。当然，这是在行为方面的。它相当于说，要发出诚实的语言，做出诚实的行为。当我对鲁宾（Lubin）说起这番话时，他同意这个说法，并补充了一句，是关于小组流程本身的。但我想我会把这句话一笔带过，因为它对个人发展和个人成长的直接重要性不大。也许我以后会再来讨论这个团体的话题，但目前我对它的兴趣要小得多。

（这里我又想到了一个模糊的想法，我并不确定。不，我想我对它的总体主旨部分是肯定的，但对它的具体细节不确定）我们普遍需要的一件事是允许我们在交流中减少结构化。我们的世界是这样设置的：好的思维和好的写作几乎完全是逻辑的、结构化的、经得起分析的、书面的、现实的，等等。但是，很明显，我们需要更多的诗意，更多的神话，更多的隐喻，更多的荣格意义上的原始性。在我的《存在心理学探索》[86]一书的附录中，我认为我在呼吁这种事情上开了个好头，并指出我们是多么完全的理性和书面化，以及多么缺乏隐喻性，我还指出，即使在科学领域，也因此受到了诸多损失。

我现在又想起来了，就是在这些 T- 小组允许的所有其他新事物中，一种非结构化的交流也被允许。人们可以尝试表达自己的感受，其实大家都明白，但这无论如何都是一件难事，此外，最好不要用非常有指示意义的词，而是用有隐含意义的词，用一种结结巴巴或停顿的交流方式，把次要过程和主要过程结合起来，就像我在《认知的两种类型》( *Two Kinds of Cognition* )[67] 一文中描述的那样。也许我应该再回去看看那篇论文，把这些新的东西加进去。我想我在那篇论文中遗漏了这样的认识：在治疗的情景中，一个人试图向另一个人表达感情和情绪，而这种感情和情绪是世界上所有事物中最不容易被纳入理性的、有秩序的语言中的，这种小组治疗经验、这种亲密关系、这种表达情绪的自发性，需要新的非结构性的交流，同时也允许新的非结构化的交流。也许单纯观察实际存在的非结构化沟通的种类将是一个很好的研究项目。例如，我发现有许多人在讲话时结结巴巴、迟疑不决且字斟句酌，然后摒弃，再重新尝试换一种说法，并说："不，这不完全是我的意思，让我再试试。"等等。我想我会向 T- 小组成员建议尝试这个项目，因为我怀疑我是否会有时间或有机会去做。

好吧，我想我会把它作为另一个新目标，总结在这个 T- 小组的目标清单中。是的，我想我会的。更正式地说，T- 小组培训的目标之一，迄今为止是无意识接受不那么结构化的交流，甚至是非结构化的交流，尊重它们，重视它们，从而教会人们做到这一点。我想再考虑一下这个问题。如果《存在心理学探索》一书中的附录值得作为单独的论文发表，并且对很多人来说非常有用，也许我应该把它加进去，或者请其他人将其进行修缮，从而进一步完善那篇附录所要表达的思想。也许我应该把它作为学习心灵现实的另一个方面，我早在本日记的开头就开始谈论了。但还是想要多说一点。

实际上，在 T- 小组中发生的所有事情都可以从与心理现实的首次对抗这一中心点来总结，所有这些都被我们的文化忽视、低估、压制或压抑，我们的文化坚持成为一种具体的文化，一种适宜物理学家、化学家和工程师的文化，这种文化几乎将真正的知识和真正的科学与像物理学家、化学家和生物学家那样用他们的十指和双手做事情的人相提并论，几乎完全忽略了内心生活的微妙性。我想，我所谈到的所有事情都是这个知识世界或知识领域的各个方面，而我们社会中的大多数人除了学习如何压制内心，没有得到任何指导。我们强调现实世界的实用主义，我们强调纯粹的压制和抑制、原罪和人类心理深深充满罪恶的学说，这些都是为了鼓励人们压制或抑制整个精神生活，让它始终处于严格的控制之下。

好吧，难怪任何一种个人或团体的治疗经验中都会产生大量的情绪、学习以及各种后果。部分情况下，这就像被带入我们之前一无所知的另一个世界，像学习一门新的科学或观看一套全新的事实、自然界的另一面，像意识到内在的冲动、主要过程、隐喻性思维、行为的自发性，意识到梦想、幻想和愿望是由一套完全不同的法则运行的，而不是由一般的椅子、桌子、事情和物体所支配的事实。这也许是因为大多数人，特别是这些 T- 小组和类似群体的成员恰恰是最不相信内心的人，

也就是工程师、经理、商人、总统、一般的人，还有那些自称
强硬、硬气、实际、现实的人等，通常对精神世界一无所知。
由于这些参加培训团体的学生中有如此大的比例是"物质人"，
这可能部分地解释了为什么这么多令人吃惊的变化发生得如此
之快。这就像一个滴酒不沾者第一次喝酒，一下子就醉倒了。

　　我可以再谈谈这些小组带来的另一个后果或目标，他们遵
循弗格森的论点，弗格森在一篇文章中谈到后果的概念化，他
的意思当然是非常正确的，对这些人中的许多人来说，有了一
种新的概念化。首先关于人类生活的简单事实，例如，人们对
个体差异的清晰认识确实是不同的。但也许更重要的是，许多
概念被打破，并以这样一种方式进行重组——包括事物和物体
的现实世界，以及敏感、恐惧、愿望和希望的精神世界。然
后，新的理论和态度就可以建立起来。我想我会强调这一点，
因为这些态度——我称之为对自我、重要人物、社会团体、自
然和物质世界，以及对某些人来说，超自然力量的"基本性格
态度"——是你在任何人的性格结构中所能得到的最深层次的
东西。这些方面的任何变化都意味着性格的变化，一个人最深
层的变化，我怀疑这些基本的性格态度在这些小组中的一些学
生身上发生了相当彻底的变化。当然，这是一个非常重要的变
化，也是一个非常重要的结果，因此，它最好成为培训者的一
个有意识的目标。

　　现在回想起来，我还想到了另一件事。在这些团体中存
在着大量无法评价的现象。也就是说，他们被教导着（我不知

道是有意识地还是无意识地），感受到了一些感觉的存在，他们接受这种感觉进入了自己的意识并口头表达出来，这是件好事，这并不意味着赞成或反对、采取行动或任何类似的事情。例如，在一次会议上，一个人谈到了他的反犹太主义感受，当然，这是一种深度诚实。他只是承认它的存在，并希望得到帮助来处理它。在我的记忆中，这个小组在这方面做得非常好。也就是说，他们没有开始争论应该不应该，或者什么是对的，什么是错的，他们能够接受这样一个事实，然后解决这个问题，而不是说教式地讨论。当然，这样做的效果要远远好于说教式的讨论，因为说教式讨论会将事情变成攻击和反击的攻防战，反犹太主义者的态度可能会变得更强硬了。

在同一个小组中，当领导要求进一步举出个人偏见的例子，并对此做简单的陈述，反犹太主义者没有对此进行任何赞成、辩解的陈述。一个人可能会说有些东西存在，同时他也会说自己会为此感到非常羞愧。然后他们围成一圈，有六七十人，其中一些人相当迟疑地承认，这在他们的一生中可能是第一次遇到对妇女、黑人、犹太人、宗教人士或非宗教人士的偏见，每个人都能以一种非评价的方式接受这一点、接受这些偏见，就像有这种偏见的精神分析学家在试图"接受"所采取的方式是一样的。我想到一位教授——我的一位精神分析师朋友的病人，几年来一直在和想猥亵小女孩的冲动抗争，尽管他从未真正做过，也很清楚他永远不会做，因为他正在克服这种冲动，但事实是，这种冲动确实存在于这个世界上，就像其他令人不快的东西一样，如蚊子和癌症等。如果我们拒绝癌症患者，拒绝与他们有任何关系，只是因为他们是邪恶的或坏的，那么我们当然就无法攻克癌症。事实上，对于任何要改变精神事物的人来说，一定要有非常良好的态度，无论你是否喜欢它们，无论你是否赞成它们，都要看一看，承认它们确实存在，即使它们是邪恶的。

现在，我记得在这件事发生的时候，我就想到我应该把这一点也加入我对爱的定义修正中。当然，我已经指出，爱是不可评价的。既然爱被视为不同于正义、审判、评价、奖励和惩罚的东西，那么这种在小组治疗中无意识地学到的非评价确实是一种爱的行为，可以认为是训练爱和了解爱的感觉的一个方面。当然，我有过这样的经历，我想也会发生在其他人身上，在我的治疗经验中，我越是了解一个人，他越是谦卑地告诉我，他对自己的罪孽和对自己所做的讨厌的事情感到多么谦卑，矛盾的结果却是，我越来越喜欢他，而不是越来越讨厌他。在这些团体中也发生了这种情况。他们偶尔会承认各种肮脏的事情，然而这一切都让我更喜欢他们，也许这是因为有不评价、不评判、不惩罚这些准则的缘故。这个框架强调接受而不是拒绝。没有能力去爱的一种表现形式是挑剔、说教、反驳他人，并试图让他改头换面，改造他，重塑他。

当然，这也是致使许多婚姻极不愉快，甚至离婚的根源。人们可以说，只有当他们能够接受别人的本来面目时，才会成为好情人，然后可以享受和喜欢他们，而不是被打扰、被激怒和讨厌对方。

所有这些都与我在一个小组中试图提出的观点有关，即对于老板和领导等人来说，极有必要将两种职能分开：一方面是评判、惩罚、控制的作用，充当警察或刽子手的角色；另一方面是起到治疗、帮助和爱的作用。我指出，比如在芝加哥大学，教师根本不打分，只有考试委员才会做这项工作。这肯定会拉近学生与教师的关系，教师成为纯粹的建议者，而不是建议者和反对者的混合体。这些 T- 小组中的培训师只是建议者，他们不打分，不奖励，不惩罚，也不做任何事情，他们只是不加评价地接受。

同样，在黑脚印第安人家庭中可以看到一种非常好的关系，惩罚者是部落中的一位老人，而不是父母。当惩罚者出现时，父母就会为孩子进行调解；他们是站在孩子这边的，他们是孩子的保护者和朋友，而不是伤害孩子的刽子手或惩罚者，因此这些家庭比美国家庭之间的关系要亲近得多。在美国家庭中，父亲必须是爱的给予者，同时也是惩罚者和打屁股的人。也许这可以加入治疗小组的目标和宗旨的声明中。

我现在想起来了，这是在坦南鲍姆访问非线性系统公司时我们讨论的问题，大家普遍认为这是一个非常好的观点。我想把这个问题应用到企业的老板问题上，他有实际的权力来雇用和解雇员工，有权给予员工晋升和加薪，以及诸如此类的事情。我想指出的是，一个处于法官、刽子手等这样一个位置的人，绝对不可能期望人们对他有同样的开放性，同样的信任和爱等，但人们可以给一个不是法官、不会对自己施加权利的人信任和充满爱。

是的，我想我将在某个契机扩展这一点，因为这是一个极其重要的观点，特别是作为对所有当代管理政策的批判而言。在当代管理政策中，模糊的不切实际倾向一次又一次地出现，这当然是其中之一——自觉良好的管理政策、好的参与式管理可以在某种程度上使老板和工人成为一个快乐的大家庭，或者成为伙伴等类似的关系。但从长远来看，这绝对是不可能的，我甚至怀疑这是不是可取的。而且我知道，在这种情况下，友好和开放的程度是有限的。事实是，对于一个老板、法官、刽子手、有权雇用和解雇的人或警察等，最好不要试图与他可能要惩罚的人走得太近，太友好。如果惩罚的作用是重要的，事实上，它确实是重要的；如果它是必要的，事实上，它也确实是必要的，那么这种友善实际上会使这项工作执行起来更加困难。被惩罚的人将感到背叛、被出卖了，例如，使他降职的人是他视为朋友的那个人。人们很难理解，一个非常友善的人不推荐朋友去竞选领导，人们会觉得非常难以理解。

反过来说，如果老板不得不处决他的朋友，他的生活就会变得更加艰难。事情很可能会变得复杂起来，还会引起各种内疚感。在这里，最好是保持一定程度的疏远和社交距离，就像武装部队中的军官和士兵之间一样。据我所知，世界上已经有许多人努力使武装部队民主化，但效果一直不好，因为事实是，必须要有一个人告诉这个特定的人，需要他冒险甚至去送死。这不能以民主方式决定，因为没有人想死。但必须有人做出这个不受个人感情束缚的选择，因此，将军最好是一个孤独的、冷漠的人物，不要与他可能不得不让其去送死的人，或他可能不得不下令处决的人有任何交情。也许对医生来说也是如此，特别是对外科医生来说，他将拒绝为他的朋友做手术。或者对于精神病学家来说，他将拒绝接受朋友和亲人成为自己的病人。这是非常明智的，因为人们很难将爱与公正集于一身。我知道这与我所读到的关于管理政策的全部内容背道而驰，尤其是关于模糊的参与式管理是对立的。权力就是权力，它甚至可能到达凌驾于生死之上的地步，而对掌握着我生杀之权的人，我当然不能像爱一个不涉及权力的挚友那样去爱他。

安德鲁·凯在这里提出了一个非常好的观点，当我和他讨论这个问题时（开放性的概念变得有点混乱），他建议开放包含了两种不同的含义，我想了想，完全同意这是一个非常有用的区分。在老板和参与式管理中，开放可以指（也应该是指）大量提供给他任何建议、事实以及涌向他的反馈或信息，不管是愉快的还是不愉快的。领导人对开放的理解应该是这个意义上的，这一点是毫无疑问的。他必须知道发生了什么事。

但是，在表达的意义上的开放，放下所有的禁忌和话语，在法官、警察、老板、船长和军队的将军中是绝对不可取的。在这种情况下，领导者的责任之一就是经常把自己的担忧之事藏在心里。我知道，如果我在一艘远洋船上，而船长要告诉我他所有的担心、焦虑、不确定和怀疑，我就不会再乘坐那艘船了。我更希望他能对所有事情负起全部责任，我更愿意认为他是有能力的，有本事的。我不想经历这样的焦虑：他是一个容易犯错的人，可能会弄错罗盘的方向或类似的事情。对医生来说也是如此。我不希望他在给我做身体检查时还在沉思，当他为我检查肺结核、癌症、心脏病或天晓得是什么的时候，我更希望他对自己的怀疑保密。

军队中的将军也是如此，正如我所发现的，家庭中的父亲或母亲也是如此。如果父亲或母亲一直向他的妻子和孩子讲述他的恐惧、疑虑、焦虑、怯懦等，那么他就失去了作为家庭顶梁柱的一半责任。事实上，他的部分功能是成为一个信心的培育者，做一个承担责任、可以依靠的领导者。我当然会建议任何男人，尽管他应该对他的妻子、孩子和朋友等相当坦诚，但在有些情况下，特别是当他有领导责任时，他最好把他的烦恼留给自己，让烦恼消失，而不是通过自由表达、公开袒露它们来寻求解脱。

对于企业的老板也是如此。当然，各种人类的恐惧、疑虑和忧郁等，都会在他的脑海中出现。然而，他应该对未来保持坚定的态度和稳定的目光，并简单的压制、克服或平息所有这些疑虑和恐惧。他必须把它们留给自己，或者至少只在外面而不是在组织内表达它们。

在我早年的教学中，我当然爱我的学生，觉得和他们很亲近，想和他们成为伙伴。我慢慢才知道，虽然我可以把我的微笑和友好等不与成绩相挂钩，也就是说，我当然可以爱一个心理学成绩不是很好的学生，但他们很少能接受和理解这一点。通常情况下，当我和学生做朋友时，如果他们的成绩不好，他们会觉得我背叛了他们。他们认为我是个伪君子，是个叛徒，等等。当然，并不是所有学生都是这样的，成绩好的学生可以很好地处理这个问题，他们拿得起、放得下，但成绩不好者做不到。慢慢地，我不得不放弃这一做法，直到现在，特别是在大班里，我会与学生们保持一定的距离，维持英国式的关系，而不是变得非常亲密，像哥们儿一样。只有在我为他们做了相当具体的准备，或者向对方解释并提前警告他们我可能会给出一些不好的成绩等时，我才会接近他们。但以上这些论述，并非期望、希望或建议老板或领导没有开放的表达方式，尽管我们当然可以建议和期望他学习更多的开放性，即作为信息的接受者，用他的耳朵和眼睛广泛地接收信息。

总结我对这些治疗小组与个人心理治疗关系的印象的一种方式是回到许多人得出的老套结论，即对小组治疗好还是个体治疗好的争论是没有意义的。第一，有许多种类的团体为不同目的、不同的人服务，等等；第二，它们在某些方面确实有不同的作用，因此我们的问题就转化为对于什么问题，在什么样的情况下，对于什么样的人，对于什么样的目标，我们应该使用集体治疗还是个人治疗，是组合使用还是交替使用。

另一个总体概括的陈述是，这些 T- 小组显然可以促进成长、发展个性和精神促进（与使病人康复的精神疗法相比，精神促使健康人更健康）。这些团体，以及他们运行的规则是良好的成长土壤。这里可用来比喻的事物是耕作，好的农夫只需抛出种子，创造良好的生长条件，在种子生长的大部分时间里，农夫不用管它们，只在特定的时候帮助它们。他不用拉起发芽的种子看它是否长得很好；他不用拔、修整、把它们挖出来再放回土壤中或采取其他什么行为。他只是让它们自己待着，给它们最低限度的必要帮助。嗯，毫无疑问，在这个意义上，箭头湖小组的条件是良好的生长条件。当然，也可以与好的培训师或好的领导者相提并论，好的领导者像农民一样，不是在培训、塑造或强迫人们，而是为他们提供良好的成长条件，为他们提供种子或激起他们内心的斗志，然后允许他们在没有太多干扰的情况下成长。

我刚刚想到了另一个问题，我几乎忘记了，是隐私的问题。在我最近的阅读中碰到了五六个问题，当然我在箭头湖也发现了这些问题。这个关于隐私需求的问题几乎被这个领域的工作者完全忽略了。当然，培训小组在某种程度上是学习放弃病理意义上的隐私，也就是强迫意义上的隐私。这种自发性的训练教这些人按照他们自己的意愿不公开或自我公开隐私。这些人中的大多数了解到，他们所谓的隐私只是一个关于恐惧、强迫、无能、抑制等的问题。事实上，如果我在这里对自我实现的人的研究有任何像样的指导，我们可以预期，人们随着他们变得更加健康，会对非强迫性的、令人愉快的那种真正的隐私有更多的渴望，而对神经质的隐私、保守不必要的和愚蠢的秘密，以及隐藏自己的伤疤，试图欺骗人们和保持各种伪装和幌子的需求会减少。

我在箭头湖的想法有一部分是受到了贝莎的启发，她是一个特别注重隐私的人，一想到要在 20 个人面前卸下自己的伪装，她就会不寒而栗。这当然不是一种神经质的隐私，因为她完全能够卸下自己的负担，并与她的亲密朋友吐露心事，但仅仅是与他们。当然，有很多人对隐私有正常的需求，而自我选择的过程保证他们永远不会出现在箭头湖。他们会发现这个想法是如此令人不快，以至于他们根本就不想来，即使他们被迫来看，我也不确定对他们中的许多人来说会有什么效果。他们可能会保持警惕，保留他们对这一公共裸露主义过程的厌恶，甚至在整个小组都接受了他们时也不去改变。我想说的是，我们必须区分健康的、理想的隐私和神经质的、强迫性的、无法控制的隐私，这些是完全不同的隐私。在我们努力打破神经质的隐私时（这些隐私实际上是一种抑制，而且是愚蠢的、无聊的、不合理的、不可取的和不现实的，等等），我们很容易忘记有这样一种东西，即理想的隐私。而且，我们还容易忘记个体差异。仅就我自己的个人经验而言，我认为用一个从自我公开到健康隐私的统一体来测量人是有可能的：从一个容易自我袒露的人到喜欢以健康的方式也就是以非神经质的方式来保护隐私的人。

我想，为了说明这一点，我甚至可以说，学会放弃神经质的隐私是达到能够健康地拥有隐私水平的先决条件，当然也是能够享受隐私和独处的先决条件（大多数神经质甚至大多数普通人都做不到——当然在美国也是如此）。在这个意义上，放弃神经质的隐私是走向健康的趋势，但健康本身包括，作为一个子方面，对隐私的需求、享受隐私、有能力隐私，等等。

这与上面所说的要求老板不要在任何时候都完全暴露自己的言论有一点关系。根据特定的情况，有些事情他最好保持隐私。当将军对一个特定的行动计划下定决心时，他最好不要到处表达不确定性和疑虑，不要扭捏作态，不要表现出自己的恐惧，因为这样做会打击整个团队的士气。他必须学会把这些事情留给自己慢慢消化。好吧，以同样的方式，我想健康的隐私可以把事情藏在自己心里、守口如瓶、能够保守秘密包括进来。客观地讲，这是在做大事。

这与我在一次小组讨论过程中注意到的另一点有关，在那里，人们对什么样的防御是可取的感到困惑，几乎所有人在这一点上都感到困惑。我记得如果我想插话，我会说这涉及神经质防御和健康防御或理想防御之间的区别。我们应该记住，神经质防御之所以是神经质的，是因为它是不可控制的、自我的、强迫性的、非理性的、愚蠢的、不被认可的，等等。有许多种对我们冲动的控制，即防御，是非常理想的，甚至是必要的。当然，我们现在意识到，在我们的时代，在我们的文化中，许多混乱实际上是缺乏控制的混乱，是冲动造成的混乱。好像只有弗洛伊德没有弄明白这一点。通常，人们会对此说些俏皮话，说某人需要的是一些自制力。这被视为一个笑话，但我不认为这是一个笑话。我认为这是完全正确和合理的，我们不能也不应该，而且最终也不想在任何时候、任何情况下表达我们任何形式的冲动。我们能够控制它们，我们必须控制它们，不仅现实要求这样做，我们自己的个人组织、连续性以及价值观也要求这样做。事实是，最终在人类生活中存在许多生存冲突，有许多无法解决的问题。有许多情况，我们必须做出一些合理的取舍，而这正是人类状况的本质。这也意味着某种冲突，意味着在我们朝一个方向前进的同时，放弃了一些东西，因此，我们为之哀伤，并不得不控制自己。

很多时候，选择意味着对一个事物的承诺而拒绝另一个。我们不能来回摇摆，不能今天否定昨天。例如，一夫一妻制的体系取决于这种最终的选择和一致的承诺，因此，必然涉及理想的、健康的和必要的控制和防御。防御这个词已经变得肮脏了。我用"应对机制"[22]的概念对它进行了补充，这是有帮助的。总之，社会哲学家们将不得不再次强调，弗洛伊德生活在 1910 年，那时的世界是不同的。我们可以说，他们都在忍受那时的社会，他们都被太多的抑制困扰。现在，部分地由于弗洛伊德的贡献，这些不必要的抑制已经被削弱和消除了。现在，我们更需要的是对冲动的控制，甚至是对一些理想的抑制。我现在想到了一个例子：在一个小组中，有一个女人总是不停地说话，而且是想说就说，即使在别人谈话的过程中。后来不得不让人粗暴地制止她，她曾受到了小组中五六个人的制止。从本质上讲，他们说的是诸如"控制你自己，闭上你的嘴，我们也有话要说！控制语速，在别人不说话的时候再讲话，不要打断别人"，等等。好吧，这种事情是一个理想的防御、应对机制或控制的例子。

我经常这样想，T- 小组或其他各种名称，如敏感性训练、人际关系、领导小组等，都是小组治疗的假名。现在我想我有点改变主意了，原因如上所述，但也有其他原因。首先，我想到治疗这个词无论如何都太过居高临下了，并且其暗示某些事情在这些情况下不必是真实的，人们在精神病学意义上是有病的。但我的印象是，这些团体中的大多数客户或顾客都不是普通精神病学意义上的病人，而只是在正常、普通的意义上有点问题需要解决的人，也就是说，他们是普通、正常的公民。因此，他们需要的不是精神病学意义上的个人治疗（这暗示着精神疾病），而是需要关于个人发展或自我实现的培训等。这些词实际上比精神治疗更准确。

我突然意识到的另一点是，如果你把它称为精神治疗，对大部分人来说也是非常令人反感的，即使他们可能需要精神治疗。例如，强迫症者、倔强的人、好奇的人、讨厌或不信任精神促进的人，等等，所有这些假名和同义词使它更容易被人接受。因此，我想我会保留一些这样的术语（这并不意味着治疗疾病），尽管我认为它应该是一个比培训更好的术语（因为培训也有居高临下的意思）。对这些团体的领导者来说，培训师这个词和治疗师这个词一样具有居高临下的意味，它暗示着我是健康的人，是完美的人，是一路向上的人，是高高在上的"神"，然后我把手伸向下面，伸向你这只可怜虫，不健康、无助的人，来帮助你。必须避免发生这种事情，即使是模糊的暗示也要尽量避免。在这里，存在主义精神治疗对那些亲如兄弟的人会有用，也就是说，处于同一条船上的人，在相同的条件下，相互帮助，就像哥哥出于爱而不是出于屈尊而帮助弟弟。在这些团体中，我们当然必须放弃以任何有瑕疵的、体现权威的方式对待病人。

另外一个目标是"学会信任"，放下戒备和防御［尤其是反击和报复，尤其是放弃那种把自己当作"靶子"的偏执狂倾向，例如劳拉·赫胥黎（Laura Huxley）的《你不是靶子》（*You Are Not the Target*）］。这与表现力或自发性的学习是不同的。另外，在某种程度上，它可以被看作现实性和客观性的训练，因为它是对当前真理的训练，而这种真理不同于童年的真理。也就是说，早期的事实已经成为当前的不现实或虚假的期望。这使得它可以与弗洛伊德强调的摆脱过去的自由相提并论。因此，我认为，当信任的前提在现实中得到保证时，"学会信任"可能是一个更好的做法。

另一个部分目标是学习容忍情绪。领导者的平静（我拒绝称他为培训师，这让我想起了训练熊和狗），也许是可以容忍敌意的表现，或者在有人哭泣时保持平静的方式，这与美国人对情感的不信任和不舒适的情绪，尤其是深层情感，无论是消极的还是积极的，都是背道而驰的。部分原因可能是，T- 小组中的人更能了解到其他人不是那么容易受到伤害的，就像一些人通常认为的那样。在 T- 小组的报告中，有人被批评（然而是客观的），或者有人哭泣、成为发泄的目标等算是常见，但小组中总有其他人因为他被伤害而跳出来救他。从长远来看，这样的团体应该通过简单的经验告诉人们，人们不会在批评下崩溃，他们可以容忍比他们所得到的更多的批评——如果批评是现实的，是在友谊的基础上给予的。

无论成员如何表现，他们都是在学习辨别什么是客观和友好的言论，什么是抨击的言论。在我看到的几个小组会议中，这一点显而易见。

学会容忍缺乏结构、模糊性、无计划性、缺乏未来、缺乏可预测性、缺乏对未来的控制，所有这些都是极具疗效和精神促进作用的。换一种说法，这对个人发展是非常理想且重要的，是创造能力的必要前提。

我认为很有必要强调 T- 小组的选择性，特别是在箭头湖那里的山顶上或其他与世隔绝的文化中。在这样的小组中，没有真正的"讨厌鬼"，没有真正的"响尾蛇"，没有真正的恶意和毒舌。总的来说，这些人都是正直的人，或者至少是试图成为正直的人。如果从山顶上这些被选中的 T- 小组成员也适用于归纳出的恶劣的条件，那必定会造成误解。也许我该这样说，这些山顶上的 T- 小组成员发挥作用的原因之一，是他们在良好的条件下工作的。在糟糕的条件下，即与真正的独裁者、偏执的人、相当不成熟的人等类型的人一起工作，他们是否会继续这样工作，这是一个真正的问题。因为培训者或领导者也是经过严格挑选的。我的印象是，工作人员小组中的每一个人都是正派的人，当然，小组的平均水平远远高于一般人的平均水平，但这又是一种选择性问题，在这个国家的全部人口中，没有足够优秀的人来组成成千上万的 T- 小组，取代这几十个 T- 小组。因此，特别有必要把这看作一种在特别好的条件下的有限实验，因此，要注意教条、虔诚、仪式、习惯等问题。

当我向山顶上的工作人员提问时，这一点就更加真实了——邪恶在哪里？精神机能障碍在哪里？弗洛伊德式的悲观主义和严酷无情的全部价值在哪里？这在现实中是有必要的？我在山顶上闻到了一点罗杰式的乐观主义，即所有的人在所有的情况下都是好的，所有的人都对好的治疗有反应，等等，这根本不现实。在良好的条件下，许多人都会有良好的反应，有成长，但不是所有的人。我对领导人也有这种潜在的怀疑。很明显，从长远来看，我们不能依靠自我选择来提供领导者和治疗师。为什么我没有在这些文献中看到更多强调对未来领袖的个人治疗？当然，我非常强烈地推荐此类治疗。

关于敌意的整个讨论应该由参与敏感性培训的人员更丰富地展开——更明确、更详细地展开。例如，可以肯定地说，即使是我在那儿的几天里，我看到了人们正在锻炼公开表达反对意见。这是我们社会存在的一个巨大问题。有些人认为，这甚至是精神分析学家面临的主要问题，而不是弗洛伊德在 1890—1900 年提出的"性的压抑行为"的主要问题。性欲不再以同样的方式被压抑，也不再那么广泛。现在，对抗和攻击性被压抑，就像以前的性欲受到压抑一样。社会上普遍存在着对冲突、分歧、对抗、对立、敌视的恐惧。有很多人强调要与其他人相处融洽，即使你并不喜欢他们。在这些团体中，不仅把敌意表达得更加公开（在一个团体中，我看到整个团体都在努力帮助一个性情温和的人，使他激动到能够批评和反击），而且还在接受敌意方面进行了训练，当成为敌意的靶子时而不会为之崩溃。我在几个小组中看到了对普通美国人的"礼貌"的超越，那些被视为亲切的朋友的人现在提出了一些不讨人喜欢的评价，接受者能够接受它而不会感到被攻击，只是把其当作一种关爱行为，作为一种帮助的意愿。我们社会中的大多数人做不到这一点，任何批评都是对个人的攻击。但在箭头湖小组中，人们努力传授这样一个经验：在爱和友谊之中，以及在帮助的冲动之中，可能也包括批评的言辞，而这些应该与深藏的敌意或攻击区分开来。

这也与团体中的学习有关，即人们比我们的礼貌制度所暗示的更坚韧、更有弹性，可以承受更多的痛苦。这无疑会把说不的能力、批评的能力、在不假设会造成灾难的情况下提出不同意见的能力作为一种永久性的收获保留下来。

现在，上述讨论对男人来说是特别重要的。如果阳刚之气在我们的社会中是一个没有实际意义的问题，如果美国男人总体上不够积极，不够有力，不够果断，那么这种敏感性小组培训可以被视为一种阳刚之气的培训，或者至少是与这方面有关的培训。在我们的社会中，有如此大比例的退让三分、讨好类型的男性，他们避免所有的分歧，所有的争斗，所有尖锐的冲突，他们试图平息一切，试图成为外交家，总是做出妥协，不兴风作浪，不摇旗呐喊，当有大多数人反对他们的时候，他们也很容易屈服，而不是顽固地坚持。在弗洛伊德的意义上，被阉割的男性的形象就像一种小狗，在面对反对意见时，为了讨好而摇头摆尾，而不是在必要时冲上去咬一口。

我认为，在这里仔细研究弗洛伊德关于侵略和破坏的本质，甚至关于死亡愿望的本质，将是试图清楚地看到这个问题的一个良好基础。这并不意味着必须将弗洛伊德的全部论述都吞下去，这只意味着一种深入研究人类内心的训练。

还有一点与此有点关联，但在管理上稍有不同的是，即我经常想到的统治从属的整体关系、统治等级制度的权势等级。例如，我在猴子和猿猴身上看到的那些行为[10][9][20]。这个变量显然没有被研究群体动力学的人充分了解。我想我会向他们建议，让他们阅读一下关于猴子的研究材料等。我在这里又闻到了一些民主教条和虔诚的气味，在这些教条和虔诚中，所有人都是平等的，在这些教条和虔诚中，事实上，更强势的人、天生的领导者、主导者、智力优越者、英明果断者等都被忽略了，因为它让所有人都感到不舒服，因为它似乎与民主理念相矛盾（当然，它并没有真正地与之相矛盾）。这是整个团体动态过程中的一个额外的研究变量，应该被有意识地感知。在我读到的材料中，没有提到这类数量庞大的文献，就像几乎没有提到整个弗洛伊德的精神分析文献一样。

# 第二十六章

## 关于创造力的论述

　　我们可以从 T- 小组的经验中了解到，创造力与缺乏结构、缺乏未来、缺乏可预测性、缺乏控制的承受能力相关，与模糊性和无计划性的容忍有关。

　　此时此刻的创造力取决于这种忘记未来的能力，即兴创作能力、全神贯注于当下的能力等，例如，能够专心倾听和观察。

　　这种放弃未来和结构、放弃控制和可预测性的一般能力，也是悠闲的特点，或者说是享乐的能力。以另一种方式说，它本身也是无动机、无目的、无目标的，因此没有未来。也就是说，为了能够完全倾听，为了能够沉浸其中，为了在此时此刻全神贯注，人们必须能够放弃未来，能够享受、悠闲、散步，而不是有目的的散步和放松，用一个词来形容就是玩乐[94]。

　　还要注意的是，自我实现的主体可以享受神秘感、无希望、模糊性、缺乏结构。他们可以与科特·戈德斯坦（Kurt Goldstein）的脑损伤受试者以及强迫性神经病患者形成对比，在他们身上存在着对控制、对预测、对结构、对法律和秩序、对议程、对分类、对排练、对计划的巨大和强迫性需要。换句话说，就好像这些人害怕未来，也不信任他们自己在面对紧急情况，面对意外事件时的随机应变能力。那么这就是对自己的不信任，是一种恐惧，认为自己没有能力或没有本事去面对任何意外的、没有计划的、无法控制和预测的东西，等等。大脑损伤者的时间与空间的几何化就是这方面的一个例子。我想我也可以用我的文章《创造力的情感障碍》(*Emotional Blocks to Creativity*)作为典型强迫症例子的参考[68]。

需要指出，这些事关安全机制，事关恐惧和焦虑机制。它们代表缺乏勇气，对未来缺乏信心，对自己缺乏信心。人需要某种勇气，一种对自己的合理信任，以及对环境和未来的美好的合理信任，才能在没有任何防备或防御的情况下面对一个意外的、未知的、非结构化的情况，并以一种坚定的信念，相信自己能在这种情况下随机应变。也许，为了沟通，一些更简单的例子可能是必要的，比如说，告诉听众有种情况在谈话中十分常见：当对方在说话时，他们通常不是在认真倾听，而是在计划和排练他们要说些什么来作为回应。这意味着他们对即兴发挥的能力缺乏信心，也就是说，缺乏在没有事先准备、没有计划的情况时找些话来说的能力。

我认为另一个很好的例子是一个小孩或婴儿在学步过程中表现出对母亲或父亲的完全信任。找到一张孩子从高处跳下，然后完全无畏和完全信任地扑入父亲怀抱的照片，或者小孩跳进游泳池的照片，你会看到孩子没有丝毫畏惧，只有完全的信任。

我认为，在我关于安全科学与成长科学或自我实现科学对比的讨论中加入这一点是很有帮助的。比较科特·戈德斯坦的大脑损伤者及强迫性神经症者的症状[22]，让我们以并行方式进行比较，斯金纳[83]在其讲课和论文中一再强调的可预测性、控制、合法性、结构等。然后实际计算一下创造性、即兴发挥、自发性、表现力、自主性等词语出现的频率有多低。然后对卡尔·罗杰斯或其他类似的"人文主义"作家做同样的工作。我想，这将是一个非常好的实验，甚至连一个大学本科生都可以轻松完成。这将使我所要表达的观点变得非常整齐、简单和明确无误。在任何情况下，这也会与两种精神病理学相提并论，并且至少会使我试图提出的观点戏剧化，即这些词可能是精神病理学的。（当然，强调这些患者都可以非常健康也是必要的，但这样一来，问题就在于如何区分神经质者对预测性的要求与正常人对世界的可预测性、控制、合法、世界秩序等方面的要求）

我想，在这里，对神经质的需要和正常或健康的需要之间的区别进行一点讨论是有益的，特别是对门外汉来说。目前，我可以想到的事实是，神经质需求是不可控制的、不灵活的、强迫性的、非理性的，与好的或坏的环境无关；满足不会给他们带来真正的快乐，而只是一时的解脱；挫折会很快给他们带来紧张、焦虑，最后是敌对和愤怒。此外，他们是自我失调的，而不是自我和谐的，也就是说，他们把自己看作外人或征服者，而不是不受意志支配的、固执的、有来自内心欲望或冲动的人。神经症患者很容易说："有东西压在我身上""我不知道是什么压在我身上"或"我无法控制它"。

归纳以上所有这些有关创造力的内容以及其在管理环境、领导和合作的环境中的应用。在任何企业中讨论这些事情时，肯定会有那些需要更多结构化的人，不管是出于好的原因还是坏的原因，提出关于无政府状态和混乱之类的问题。有必要在理性的层面上面对这些问题，更要理解它们可能是神经质的、非理性的或深层次的情感。有时，处理这些问题的正确方法不是在逻辑上争论，而是进行精神分析上的解释。这样的群体很容易指出，这是对一种法律、规则和原则的要求，这些都是写在书上的，这也是对控制未来和预测未来可能出现的任何事情的要求，没有太多冒犯的意思。由于后者在现实中是不可能的，毕竟未来在某种程度上是不可预测的，那么试图制定一本"规则手册"来预测未来任何可能的突发事件就是一种徒劳的努力。然后人们可以继续问，为什么我们不能相信自己能够处理这些未来的突发事件呢？为什么我们必须为它们做准备呢？我们不能处理意外情况吗？在未预料到的情况下，难道我们不能相信自己有良好的判断力吗？为什么我们不能等到未来有这种事情的积累的时候再去做，然后制定必要的规则？采用这种方法的结果是制定最低限度而不是最高限度的规则。（但可能有必要承认，正如我过去不得不做的那样，在像陆军和海军这样极其庞大的组织中，有必要制定一本"规则手册"）

# 第二十七章
## 关于创造性人才的论述

由于机械和专制的组织，将工人作为可更换的零件来对待，对计划好的未来，对日程安排，对同一性等的迫切需求，似乎是无法转变和改变的概念。在我看来，对于民主管理的哲学来说，更仔细地研究创造性的心理动力学是相当重要的。

在这种情况下，特别强调不精确的能力是可取的。有创造力的人具有灵活性，他可以随着情况的变化而改变方向（事情经常如此）。他可以放弃他的计划，他可以不断地、灵活地适应环境规律的变化，适应假设事实根据的变化，适应问题的变化及其需求特征。

这意味着，从理论上来说，他能够面对不断变化的未来。也就是说，他不需要一个一成不变的未来。他似乎不会受到意外情况的威胁（像强迫症和严格死板的人那样）。对于能够即兴创作的人来说，计划可以被轻易地被丢弃，而不会感到遗憾和焦虑。当计划改变、日程安排改变或计划改变时，他往往不会感到烦躁。

相反，在我的印象里，他有时容易表现出对问题的兴趣、警觉性和参与度增加。自我实现的人被神秘、新奇、变化、变动吸引，并认为所有这些都可以容忍；事实上，这些都是使生活变得有趣的东西。相反，这些人，即自我实现的人，也是有创造力的人和优秀的即兴表演者，容易对单调、计划、固定、缺乏变化感到厌烦。

当然，这一切都可以从另一个角度来看——成熟的人格、机智的、全神贯注于当下的、能够将自己完全投入当前情况中的、能够正确倾听和观察的健全人格。我曾经指出，这可以用放弃过去和未来或把目前情况搁置一边的说法来表述。也就是说，看待当前问题的人并不只是把它看作杂乱无章的，需要从过去的解决方案中挑选适合当前局面的方法。他也不会利用一个时期令人困惑的局面，为自己的未来、为想好要说的话、为筹划他的攻击或反击等而做准备。他完全沉浸在此时此刻，从而意味着需要有相当大的勇气和自信，平静地期望在他解决新问题的时候能够随机应变。这意味着一种特殊的健康的自尊和自信。它还意味着摆脱焦虑和恐惧。这反过来又意味着对世界、现实、环境的某种评价，使他有可能相信它，而不是把它看作巨大的威胁。他认为它看起来并不怪异或可怕，自己能够驾驭，不会感到惧怕。自尊意味着这个人认为自己是主要行动者，是负责人，是自己命运的决定者。

# 第二十八章

## 关于存在心理学的论述

1. 在我关于这个主题的章节加上的内容<sup>[86]</sup>:

接受生命的神秘之处。我在存在心理学的理论中学到的一件事是，生活中有很多基础又严肃的问题往往根本得不到解决，因为它们无法被人理解，无法被合理化，也无法被理性地看待，它们就是那样。因此，处理这些问题的唯一方法就是接受它们的存在，并尽可能地不要过于操心这些事，接受它们的丰富和神秘之处就好。

存在主义心理学常强调严肃、真实、悲剧性以及终极关怀。我在"B- 认知的危险之处"的章节中<sup>[86]</sup>，曾讨论过真实困境与非真实困境的不同。生活中的非真实困境往往是不必要的伪困境，具有可以通过心理治疗的手段来消除的神经质特征。但生活的真实困境，那些无法解决之事，如死亡、痛苦、疾病、时间和不可逆转的老去，都是无法得到解决的困境。治疗这些问题的唯一方式就是让人们清醒起来，把他们从压抑和恐惧中解救出来，这样就可以用全部的办法去帮助他们。从某种意义上来说，这些真实且严肃的困境问题也可以被称为"悲剧"。现在，让我们回想一下生活中那些有悲剧感的时刻，并把这些时刻与真实的负罪感（与神经质的负罪感形成对比）、真实的抑郁情绪、真实的担忧、真实的焦虑、真实的感激等情绪联系起来。弗洛伊德心理学从未对这些东西有过真正的系统性的解读，行为心理学也没有。

2.**本质主义的必要性**。看看这个表述，"存在主义"，这个词本身无法被严肃看待，必须和"本质主义"结合到一起，特别是与某种形式的本能论、生物学理论或本质理论相结合。

3.**通过身份和社区实现自我实现**。我要在我前文的声明之上再补充一些：强调对身份的追求是存在主义心理学的一个主要关注点；另一个问题是对社区的需求，通过社区实现自我，以及真正的、深刻的并可能无法解决的个体身份与社区的关系问题。在这里也可以参考安吉亚尔的自治和同质概念。或许，也可以在这里探讨一下优心理论本身 [81]。

4.**神圣的；在永恒之下；"宗教性"**。必须非常小心谨慎地从完全人文主义的角度来理解这些词汇，以便指出同其他伟大的心理学理论相比，存在主义心理学第一次从科学的、自然主义的、经验主义的角度来解决这些问题，并声称这都是非科学管辖范畴的回应。

5.**存在主义治疗**。这与所有基于医学范式的治疗形式都完全不同。在传统医学范式的治疗形式中，一个健康、强壮、权威的治疗师——他几乎无所不知——以友好和谦逊的方式帮助那个虚弱、无知、无助且顺从的病人，是一种特殊而严格的支配从属关系。与之相对的，存在主义治疗师则更多地依赖于马丁·布伯理论中的"我－你"关系，并遵从一种更平等的概念，两人之间的关系更像是两个试图互相理解的人类。在这里，我们也会记得真实困境与非真实困境的区别，也就是说，真实困境是无法被解决的，它们是所有人都在面临的困境。如果我们对于这些困境过于重视，那么治疗师和病人就会像是被遗弃在同一条船上或同一个荒岛上，又像被遗弃在无法破解的死亡牢房里，或者在医院晚期病人病房的病床上。与他们所面对的共同命运以及他们所面临的困境的深度及严重性相比，治疗师和病人在健康程度上的差异就显得微不足道了。也就是说，从存在主义的角度来看，任何两个人之间的相似性远大于两个人之间的差异。前文说两人在同一条船上的意思也就是如此，他们面临着同样的人生真实困境。在这种情况下，他们最好被视为平等之人，或者说至少接近平等。也许，治疗师可以被看作一个大哥哥，或者恰好有着有用的经验，知道如何帮助与你平等之人。然后，病人和治疗师就可以互相帮助，或者说他们互相依靠。也许，治疗师也可以从病人那里学习到和病人从治疗师这里得到的同样多的东西。如此，人们就认识到，两个人之间的亲密关系，或许是任何两者之间的亲密关系，有其治愈性，有助于减轻任何人作为人类存在的深刻的、终极的孤独。

6. **存在主义心理学与 B- 心理学的关系。**强调相似之处。B- 心理学在某种程度上来说是对理想状态的研究：终极、最终状态、峰值体验、完美状态、无动机且非技巧性的行为，大都是关于人自己本身的目标，而非达到目标的工具或手段。它研究理想的社会条件，理想的工作条件以及理想的享乐条件。B- 心理学也研究 B- 价值，换句话说，就是生命的终极，而这种研究的一个副产品是在峰值体验和自我实现的人心中事实和价值观的融合[95]。在某种程度上，这让我们想起了柏拉图主义和柏拉图思想的本质，还有过去几个世纪中的绝对理想主义思潮。B- 心理学也是对"统一意识的研究"，也就是说，研究将 D- 领域与 B- 领域进行融合的可能性，即生活在有缺陷的日常世界中也不会失去对其神圣一面的观测。这一切都与存在心理学有关，因为这都可能是其定义的一部分。

7. 对科学的态度变化。现在，我要补充的存在主义心理学的另一个资料是对正统科学态度的改变，如行为心理学所体现的那样。在这之中出现了对扩大科学管辖范围以包括经验和主观现象的需求。我认为，这也是对正统科学中事实和价值分离的不满的结果。我认为存在主义对价值观的重视，以及对价值观的向往（价值饥饿），也鼓励了存在主义心理学家重新审视他们对科学的信仰，并要求将其扩大[70]。

8. 元动机和存在心理学。B- 价值实际上就是元动机。很有必要让这些 B- 价值目标成为人们有意识的目标，因为这些是人类的理想愿望，或者可以说，这是人类接近但实际上从未达到的极限。即便无法实现，让这些目标存在于意识当中也是好的，因为这种意识为动机向量提供了方向（引自无线电台对飞行员"我迷路了，但这过程很美妙"的回应）。存在主义者强调，无论如何，人类总是迷失着的。再加上他们常常强调对意义和价值也就是方向和目标的追求，因此存在主义心理学的这一新鲜视角就变得非常重要。在这里查找渐近线和数学层面的极限数值可能是一个好主意。

9. **狂想曲式的沟通和其他超越不可抗力的方式。**查阅我《存在心理学》[86]一书的附录中所强调的关于克服逻辑、语言、理性交流限制的那些形式。我－你关系中的存在主义困惑需要这种新的方法来实现人与人之间的交流，这些人无法通过普通的纯粹理性和语言手段相互接触[102]。

10. **存在心理学的新确定性；失去耐受性；非判断性态度的丧失。**当我们处理真正的内疚、真正的抑郁等新概念时——意味着确有其事的抑郁和内疚——我们意识到提供帮助者的部分作用是帮助患者真正意识到他的内疚和抑郁等情绪，也就是说将其带入意识。但这种越发明确清晰的判断也会让我们变得更缺乏忍耐力，更缺乏对这些事的同情心，更易审判。存在主义治疗师的部分作用可能是评估这份内疚并让其发泄出这种愤怒。他可以比其他人更确定他在经验上的正确性，因为他将真正的内疚定义为脱离或压制个体的本质命运。

# 第二十九章

## 关于存在心理学的补充论述

　　精神分析学家倾向于将各种情绪定义为现实以外的存在——负罪感、羞耻、抑郁、愤慨、遗憾、感激等。但在后弗洛伊德时代，我们将不得不为这些情绪和其他情绪的现实存在创造出位置来。我已经写过关于真实或本能的负罪感和真实或本能的良知的内容。我将真正的负罪感定义为由于对自己的生物命运或天命的损害，或者因自己的自我实现而产生的必要的、可取的和正当的负罪感。本能的良知也是如此，它与弗洛伊德的超我非常不同，超我更多的被定义为一种与本能的自我不同的东西。感恩之情亦是如此，它可以是真实的。并且，在精神分析学家谈论移情和反移情时，他们倾向于将其定义为非理性和不真实的，需要治疗的一种情绪。

　　也许，具有特殊研究意义的是那种义愤填膺的反应（一些精神分析学家倾向于将其当作一种反应形成，当作一种防御反映，因此认为这种反应是虚假的或不真实的）。在这种精神分析法的解释中，守法的人会无意识地对抑制他偷窃或谋杀的欲望感到憎恶，他对罪犯的报复心可以解释为个性中的微妙平衡，即在顺从社会的动机与偷窃或谋杀的动机之间的平衡。也就是说，他的义愤填膺被看成对有勇气做那些他暗地里也想做的事的人的一种掩饰下的嫉妒。因此，这整件事使他变成了一个伪君子。

　　但我发现，当真正的罪恶和罪行发生时，自我实现的人通常会表现出一种正义的愤慨。也就是说，如果之后可以做一些比我现在所能做的更仔细的调查的话，也许会发现这些正义的愤慨可能是自我实现者的一个特征，甚至是一个必要条件。

那么问题来了："他们义愤填膺的是什么？""什么让他们如此激动？"在我看来，让他们感到激动的是对 B- 价值的任意攻击。这意味着真实的对与错，就像我上面提到的那种真实的负罪感、真实的遗憾、真实的快乐和真实的沮丧一样。但这反过来又意味着对伦理、价值、对与错层面完全相对主义的拒绝。当然，作为一个研究小组，我课题中的自我实现者的典型表现就是他们可以不用太努力或太麻烦就能辨别是非。

总的来说，我的整个小组对是非有相同的概念，但我不能确定这不是我人工采样的产物。无论如何，它带来了这些问题，并要求我们对这些概念进行核查。既然这都是存在心理学的一个方面，那么存在心理学也必须被认为是表达了一种真实的而非虚幻的是非，并且必会被认为是对道德或伦理或价值观的相对主义的攻击。

一般来说，必须考虑对"容忍"的整个概念提出质疑。显然，在各个层面都需要重新定义一下。如果没有人确定什么是对、什么是错，那么容忍意味着一回事。但是，如果一个人对什么是对、什么是错非常确定，那么对他的容忍可能意味着完全不同的事情，而且他可能会在有些方面觉得其他人不怎么有宽容之心。嗯，这是真的，有很多东西是自我实现的人不能容忍的：虚伪、说谎、虚伪、欺骗、残忍等。但我们还必须讨论这些事情，即使它非常危险。历史上所有的战争都来自对那些自己是正确的极为确信的人。这里我必须解释一下，因为即便以我的经验来说，自我实现的人确实不像一小部分人那样善于容忍，而且，他们的表现正如同一些人所说的不宽容，但他们绝对没法发动通常意义上的战争。（但我突然想到，他们可以发动反希特勒的战争，在这场战争中，他们只是在与毫无疑问的邪恶作斗争——我认为他们在这方面的内心斗争会比普通人少得多。也许这就是他们义愤填膺的一个方面。也许我们将不得不将义愤填膺精神的缺失定义为一种病理上的精神疾病）

**存在主义中的感激。**弗洛伊德的观点和存在主义观点之间的明显区别之一，是治疗师和患者之间关系的描述。弗洛伊德主义者，至少在正式场合，只会谈论移情和反移情。也就是说，没有其他类型的关系被系统地嵌入他们的理论结构中。并且应记住的是，其中的移情和反移情都被定义为非理性的、不真实的、神经质的态度，这些态度会在分析过程中被分解，并且会在被观察之前消失。也就是说，真理会摧毁这些情绪。因此，在这种趋势下，病人可能对帮助他摆脱疾病、痛苦和悲惨之人的正常感激之情，也会在移情之下被分析分解。一个被帮助的人应该对帮助他的人产生友谊或正常的感激之情在理论上就不会出现了。

但在存在主义心理治疗中，两个人之间的爱情关系可能有一席之地。当然，我们会扭转局面。我当然想知道一个被治疗师帮助过的人，例如在抑郁症或焦虑性神经症中得到帮助却没有一些感激之情，也没有回报愿望的人出了什么问题。这样的人实际上患了一种人类公认的病症。

# 第三十章

## 关于企业家的论述

企业家层面的功能被低估了，也被贬低了。企业家（管理者、整合者、组织者和策划者）自己也低估了自身功能的价值，仍然倾向于把自己看作剥削者、肤浅之人，看作没有真正的劳动、没有真正贡献的人。因此，作为一个群体，他们很可能对自己的报酬感到有些内疚。

我认为，这部分是与工作只是流汗和劳动的概念联系在一起的，部分是由于对创造的性质误解而造成的。

至于创造，我们的倾向是认为它们产生于一瞬间的伟大洞察力，在一瞬间，黑暗变成了光明，愚昧变成了智慧。这是以前从未存在过的、全新的创造——在大多数情况下，这种理解显然是错误的，因为任何创造，无论多么新颖，都有一个发展的过程。无论如何，它应该被看作合作和劳动分工的产物，也就是说，创造可能来自对以前已知的、还没有合适模式的知识点的突然整合。创造的闪现经常是"完形闭合"，而不是"无中生有"。

如果是这样理解的话，那么创造和管理之间的区别就不存在了。管理方式或管理上的创造，例如，在温切斯特兵器公司（Winchester Arms Company）或亨利·福特的装配线上使用可互换的标准件等，都是零星知识的汇集和组合，但它在这个新的安排或模式中突然变得有力和重要。

如果我们愿意的话，我们可以把社会创造和技术创造区分开来，但这在原则上并不重要。在这个意义上来讲，发现一种可以使丈夫和妻子更好沟通的方法，也是一种创造。

我还应该说，企业家的计划或设想，即认识到一种未被满足的需求，而这种需求的满足可以使企业家获利，也可以使其他人受益。

在这个领域的交流中，我提出的主要观点是，进步繁荣的社会与退步衰败的社会之间的区别主要在于企业家的机会和这种人在社会中的数量。我想每个人都会同意，要向一个退步衰败的社会输入最有价值的 100 人的话，不应是 100 个化学家，或政治家、教授、工程师，而是 100 个企业家。

综上所述，自我贬低的企业家的内疚感可以由此得到缓解。然后，他可以看到自己是多么重要，甚至是多么关键。

我自己的看法是，这不需要完全与金钱奖励的问题纠缠在一起，还可以考虑其他类型的奖励。诚然，一个企业家可能对一个社会具有巨大的价值，但收入的巨大差异也可能滋生其他问题。如果只是为了理论上的目的，我们应该认识到，企业家、组织者、带头人和积极的领导者，可以通过金钱以外的其他方式得到奖励。在像黑脚印第安人那样的协同社会中，领导者或组织者的回报是各种公共荣誉，是部落中每个人的尊重和重视，是他走到哪里都会受到欢迎，等等。关键是，尽管这位伟大的领袖经常身无分文，但这一做法仍然有效。这是伟大领袖形象的一部分——完全的慷慨。他的财富被定义为他能赚多少钱和给予多少钱。因此，在英国，爵位也被认为是一种巨大的奖励。我想有一天，我们可能会像天主教会那样，把伟大的企业家、发明家或领导人单独挑出来，通过给予他极其简朴的荣誉称号来纪念他。授予一件灰色僧侣布的长袍也许会有同样的意义和心理奖励的力量，就像数目庞大的金钱一样，也许更多，这取决于社会看待它的方式。如果这样的人受到极大的钦佩、尊重、赞赏、赞同、掌声、欢迎，那么他也就不需要钱了。

　　如果我指出上述论点在原则上适用于任何社会和任何经济体系，将有助于保持观点的干净和不受污染。发起人、协调者类型的人在这些社会中都是同样必要的，同样有价值的（尽管这将与停滞不前和不改变的愿望相冲突，可能同时存在）。诚然，还涉及其他决定因素，例如，社会是否具有协同性，是否具有剥削性，是否具有种姓分层，等等。

　　在这方面，麦克利兰（McClelland）的工作非常重要。

# 第三十一章
# 关于利润、税收、成本、货币、经济学等
# 概念的重新定义

　　对"利润"这一概念的重新定义必然涉及对"成本"这一概念的重新定义。同时，它还需要重新定义"价格"这一概念。也许我可以从一个完全不同的角度来讨论整个事情，也就是从古典经济学理论的批判角度来处理。在我看到的教科书中，这几乎完全基于一种过时的较低基本需求的动机理论（不包括较高的需求和元需求）。此外，它还假设这些可以用可交换的术语来表述，这反过来又意味着任何会计工作完全涉及可以用货币来描述对象、品质或特征，从而放入会计资产负债表。

　　但这一切在今天看来绝对是一派胡言。之所以如此，只是因为我们现在对更高层次的基本需求以及超出这些需求的元需求（在富裕的自动化社会中，这些需求将完全不再是重要的激励因素）了解得更多。证明这一点的一个方法是强调金钱不再是一个非常重要的动机的事实。在我们的社会中，有许多人无法通过提供更多的钱来赢得另一份工作，除非金额巨大，或者以另一种方式说，假设钱变得不重要了，因为每个人都有足够的钱，或者任何人都可以相当容易地得到足够的钱，以满足自己的基本需求。随着各类劳动的价格越来越高，用越来越少的工作来赚取最低限度的生活费成为可能。如今，任何真正想成为流浪汉的人都可以很容易地成为流浪汉。赚取过去所谓的"生活费"非常容易。（问题是，当大多数人在谈论谋生时，他们真正的意思是赚取一辆汽车、一栋漂亮的房子、一处园林，等等）。

如果是这样的话，似乎确实如此，那么有许多人无法从他们目前的工作中得到满足，除非满足各种更高层次的需求。此外，许多人更受非货币因素的影响，而不是只考虑金钱。例如，我和安德鲁·凯说过，当有人向我提供工作时，我试图给各种无形的东西加上一些粗略的金钱价值，例如，放弃一个朋友，放弃一个美丽的环境，放弃工作中融洽的人际关系，放弃熟悉一切人和事，或费尽心思从一个城市搬到另一个城市，甚至诸如不得不熟悉新城市的道路这类事情。我曾问过自己，放弃与自己最好朋友的友谊对我来说值多少钱？在我生活的这个时期，很难在短时间内发展出这种亲密关系。我最好的朋友每年值1000美元、500美元、5000美元还是更多？总之，很明显，这一点是非常清楚的。例如，如果我武断地把拥有一个亲密朋友的价值定为每年1000美元（这当然是一个保守的数字），那么这个已经提供的新工作，比方说每年2000美元、3000美元或4000美元的加薪，看来就并不像原先那样多。如果我考虑到所有这些其他更需要的无形资产，我实际上得到的价值可能会减少（按美元计算的价值减少了）。这些无形资产没有人写进合同或资产负债表，但对任何明智的人来说是非常现实的。

但商业界也有类似的情况。为什么一个必要的、有价值的人才会留下来继续任职，而不是转到另一个岗位上呢？难道不是因为他喜欢他住的房子，或者他有一个相处愉快的老板或同事，或者与他一起工作的秘书是性格开朗的而不是暴躁的，或者看门人是令人喜欢的而不是讨厌的，甚至这个地方是有吸引力的、美丽的而不是丑陋的这样的事情？当然，任何明智的人都会考虑到气候和天气以及孩子的教育等问题。

关于税收的古老概念是，它们就像嚣张跋扈的贵族对经过自己领地的人进行肆意的掠夺、征收费用，或者一些强盗团伙以武力威胁路人，从他们身上榨取的费用一样。黑帮在芝加哥征收的"保护费"非常接近于"税"这个词的原始含义。这个词在今天仍然带有一些这样的含义，即任意、贪婪的人强索一笔钱而不给任何回报，只是因为他们有权有势，而你就不得不咬牙屈服。但是，在良好的环境下，在奉行优心理论的情况下，税收是一种非常不同的东西，必须以一种非常不同的方式来看待，即以便宜的价格支付必要的服务，否则兴旺的、长期存续的企业将不得不以"私人行为"代替所有这些服务，这将花费大量的资金。对于供水服务、警察服务、医疗服务、消防服务、一般卫生服务等都是如此。实际上，所有这些服务都是非常划算的，它们的税收应该被视为任何长期企业的必要成本的一部分，是企业不可缺少的必要条件。对用于普通教育和学校的大部分地方税收来说，情况也是如此，或者说几乎都是如此。从企业的角度来看，这可以被看作社区对各种熟练工人和管理人员的准备。如果社区不教阅读、写作和算术，那么企业就不得不自己做这些事情。如果没有学校教育系统，那么就必须由企业自己来创造。因此，这也是极好的"协议条件"。（当然，这都是以开明管理政策为前提的，即人越是发达，越是进化，越是全面成长，对企业越有利。在 X 理论条件下，情况会相反，因为专制主义建立在无知和恐惧之上，而不是建立在开明、自主和勇气之上）

我们迟早要以一种严肃的理论方式来处理高需求经济学和元需求经济学的问题。我无法预料需要基于此对经济理论和实践进行多少修改，但现在肯定正在进行一些转变。其中之一是这样的：在一个繁荣的社会中，在相当好的条件下，在善良的人的帮助下，最初级的生物需求将很容易得到满足；几乎不需要多少钱就能够解决吃饭、睡觉、住所等问题，即使失去了也容易获得。然后，随着我们在基本需求层次中的上升，我们发现金钱在购买这些需求时变得越来越不重要。最高层次的需求，我们可以说它们是免费或几乎免费的。或者换一种说法，更高层次的需求满足，如归属感、爱、友好、感情、给予的尊重以及建立自尊的可能性——所有这些在很大程度上都超出了金钱经济的范围。例如，只要家庭完整，最贫穷的家庭也能享有这些。

这些高级需求正是开明管理政策所指向的。也就是说，开明管理政策可以被定义为试图以非货币的方式满足工作环境中的更高层次需求，让工作环境给予内在的更高需求满足（而不是给钱，并期望用钱在工作环境之外购买这些满足）。这一点对我们大有帮助，因为实际上可以简单地在此基础上区分 X 理论管理和 Y 理论管理：X 理论是一种意味着所有较低需求的动机理论，而 Y 理论是一种更具包容性、更科学、更现实的动机理论，因为它包括了较高的需求，并认为它们是工作状况和经济状况中的决定因素之一。或者换一种说法，专制经济学或 X 理论经济学和管理政策是以本能之外的较高层次的基本需求为假定而展开的。[ 既然有如此多的证据表明存在这样的需求，那么 X 理论不仅在民主社会的道德原则上是令人讨厌的，在科学上也是错误的。我认为高层次抱怨和低层次抱怨（之后有提到）将证明，元需求也是经济状况或工作状况以及 X 理论的一部分。也就是说，我们有可能建立一个由低层次需求经济学，高层次需求经济学和超越性元需求经济学组成的一种优势层级体系。] 我希望沃尔特·威斯科夫（Walter Weisskopf）能够允许其他人就这个观点教训他，就像他教训我一样。

这里还有一个问题：假设在一个工厂里 X 理论占上风，而在另一个工厂里 Y 理论占上风，自然后者对其中任何个人的个人成长来说都是更好的，那么这种收益如何放入会计系统中？当然，这一切都需要花费一些钱。培养开明的经理的成本要比培养不开明的经理的成本高。如何在资产负债表中以数字的方式表示这种收益？它必须被视为某种边缘利益，也就是说，是一种非金钱利益，任何明智的人都会意识到这是一种利益，一种经济利益，一种更被需要的经济利益，尽管它很难用数字或金钱来表示。

另一个问题：事实上，开明的工厂起着多种不同的作用，不仅基于内在工作环境生产更好的产品，而且在帮助其员工成为更好的公民、更好的丈夫、更好的妻子等方面，都会产生各种不同的效果。这是对广大人民的一种资产或利益，与校舍、大学、医院或治疗机构的方式完全相同。也就是说，一个会计系统如何将一个企业给社会带来的益处融于自身呢？当然，即使在货币经济中，这也有一定的意义，因为这需要花费企业一定的资金，例如，用于公司内部的教育，用于各种服务、普通综合教育，等等。

在未来的某个时候，我们将不得不处理长期的、开明的管理与民主的整体社会经济更加微妙的一面，至少在这个层面上。一家健康的企业假定了各种我们还没有谈到的各种条件，例如，它确实假定了一种开放和自由的市场，也许我们可以在这里使用"公开竞争"这个词。对于一家企业的长期健康来说，它最好能进行竞争，有竞争对手的工厂生产类似的可以相互比较的产品，其他工厂不断改进自身，等等。而这与法国和西班牙将某些产品交给垄断企业经营的情况截然不同，西班牙的垄断企业生产所有火柴、汽车或其他什么产品。在这种垄断情况下，极有可能使所有状况持续走低，因为没有维持质量的压力，所以不可避免地会发生这样的情况，即一切都可能会逐渐恶化。在垄断企业工作的人不可避免地会变得无所顾忌，因为他们意识到自己是骗子，是说谎的人，是被逼到了"邪恶"的境地的人。他们几乎不可避免地会对无助的民众征税，即给产品设定比在公开市场上的价值更高的价格，此外，由于产品质量极有可能下降，这样的企业也不会兴旺起来。

用一个稍有不同的比喻，一个在无菌环境中长大的孩子，被小心翼翼地保护免受所有细菌和病毒等的侵害，迟早会完全失去抵抗疾病的能力。也就是说，此后他的余生必须受到人为的保护，他无法保护自己。相比之下，生活在充满危险的环境下，并且只得到一般的和合理保护的孩子，因为他得到的这些危险是小剂量的，所以会建立起抗体和抵抗力，这样他就可以在此后的一生中自由地应对病菌和病毒，而不会有恐惧和疾病。我认为这足以说明，在这个意义上，一些新的竞争、自由市场或自由企业的理论必须被研究出来。它应该与冷战或任何类型的政治话题分开，因为任何其他类型的社会或经济制度也是如此。社会主义经济中的健康企业将承受在资本主义经济中同样的承受压力和竞争条件。这不是一个简单的政治经济或道德考虑，它非常简单，来自一个企业的内在需要，只要这个企业想要持续几个世纪，要保持正常的生命力和成长。一个好的拳击手需要一个好的拳击伙伴，否则他就会退步。

此外，如果我们假设在这个自由市场中，在同类产品的自由竞争中，理性、真理、诚实和正义应该占上风，以保持所有企业、所有雇员以及整个社会的健康，那么，奶油终究要浮到牛奶的表层，最好的人应该得到更多的奖励（甚至可能在理论上也是必要的）。阻碍这种美德、正义、真理和效率等的干扰因素应该保持在绝对的最低限度，或者应该减少到零。在这里，我说的是推销员迷人的微笑，个人忠诚或传递错误的虚假广告（就像把汽车外表设计得很漂亮，而不考虑里面破旧的发动机一样）。

如果所有这些都能被证明对健康的企业和健康的企业制度是适用的，那么许多事情就会很好理解了。其中一件事是，必须假定消费者、购买者、客户是理性的，也就是说，他希望得到符合其目的的最佳产品。这也意味着要认为他将寻找事实信息，检查规格，查看标签，对被骗感到愤慨，而不是认为这是理所当然的，当他遇到骗子或说谎者时，会憎恶得颤抖，然后再也不与其来往，等等。现在，所有这些特征都是心理更健康、向自我实现方向发展的特征。因此，任何能够提升一个人健康水平的决定因素，使他不仅成为更好的管理者、更好的工人或更好的公民，还可以成为更好的消费者，这对任何企业的健康而言也必定是有利的，即使影响力较小。任何能够使消费者基于事实和工艺水平做出选择的因素，对其他人或整个社会都有好处，包括单一的、长期的开明企业。因此，帮助人们成长的开明工厂，原则上也帮助了全社会的其他工厂。而且，至少在原则上，这样的工厂应该得到所有其他工厂的尊重，就像任何会产生更好的、更现实的、更高层次的客户的工厂都应该得到尊重那样。现在的问题是，这能否以某种方式被列入资产负债表：会计系统能否考虑到其他工厂因拥有高效、开明的科学工厂设置而获得的附带利益。

我们也可以从"优秀客户或开明客户"的概念进行说明。之前的一切事物以及管理学文献中的一切都建立在这样的假设上：顾客是理性的，喜欢好的质量，会选择更好的产品来达到目的，如果质量相同，会选择那个价格更低的，不会被无关紧要的东西诱惑，会喜欢美德、真理和正义等，当有人试图欺骗他时，他会感到愤怒、侮辱、厌恶或生气。这个假设也是必要的，因为到目前为止，开明的管理政策所依赖的主要基础是生产力在数量和质量上都得到了提高。但是，如果更好和更便宜对消费者来说毫无意义，那么以更便宜的价格生产出更好的产品有什么好处呢？也就是说，如果他对这些的关心少于对其他无关紧要的东西的关心，那么整个关于提高工厂、经理和主管效率的论点就完全落空了。如果人们喜欢被愚弄，喜欢被诈骗，喜欢被诱惑，喜欢被贿赂，那么开明的管理就是坏事，无法对经济生存有利。因此，良好和高效的工厂理论有一个绝对的前提条件，那就是用良好品味而不是义愤来武装自己的优秀、理性的顾客。只有当人们重视诚信的时候，诚信才会有回报；只有当人们重视高品质时，高品质才会得到回报；只有当人们对被骗感到义愤填膺的时候，人们才会倾向于停止行骗，如果诈骗有回报，那么它就不会停止。好社会的定义是一个有德行的社会。我现在要对这个定义略做修改：除非美德有回报，否则你不可能拥有一个良好的社会。我们现在非常接近超越性需求的整体目标，也非常接近协同理论，而协同理论又是 B- 心理学的副产品——关于的 B- 心理学的理想条件是社会问题得到解决和超越（将所有这些与另一份关于开明的好推销员和开明的好顾客的日记汇总在一起，并强调"优

秀客户"是必要之人，也必须是一个有德行的、理想的人，因
为他希望这个制度能够发挥作用。一旦他不再关心，整个制度
就会崩溃）。

# 第三十二章
## 关于利润的补充论述

我们可以看到，在利润、税收、成本等概念上的许多困难来自会计师群体的职业化。是他们强行要求企业关注数字，可交换货币、有形资产而非无形资产，以及精确性、可预测性、控制、一般法律和秩序，等等。安德鲁·凯指出，在所有专业团体中，会计师的词汇量最少。我补充一下，精神病学家认为他们是强迫症最严重的群体。根据我对会计师的了解，他们也吸引了那些被数字束缚、对小细节感兴趣的、被传统束缚的人来到会计学校。

在有教育政策和知识目标的学院和大学里，会计师型的和其他强迫症型的人，设法以某种强制方式强调学分、成绩、文凭、学位、分数的互换性，以及整个教育事业的算术化，尽管这与教育本身是完全相悖和对立的。显然，以同样的方式构建的新型的工业和企业的理念肯定会需要不同类型的会计和不同的会计人员特性结构。

这种会计人员的生活哲学有很多最终归结为不自信。这些人会为他们的家庭做预算，把某些钱放在一个瓶子或另一个瓶子、另一个信封以及任何东西里，然后不再触碰它。这些人将资金指定用于特定用途，平时不会碰自己储蓄利息是 4% 的储蓄，宁愿以 12% 的利息借钱，只是因为他们的习惯或理念是"永远不要碰你的储蓄"。这些人可以被认为是自欺欺人的人，就像那些特意将闹钟提前 10 分钟，以便欺骗自己多睡一会儿，但不要睡得太死的人一样。这些事情都很可笑，因为他们当然知道闹钟是提前设置了 10 分钟。这有点像我们在夏令时改变时的混乱中看到的——与其通过法律使办公室在夏季提前 1 小时开门，不如每个人都通过改变闹钟的时间来欺骗自己，使自己相信办公时间没有提早。

他们与创造性的人格完全相反。有创造力的人相信自己有足够的能力在没有任何准备的情况下面对一个新的问题或新的情况，在新的情况下随机应变。更加执着的人倾向于对未来进行整体分类，为每一个突发事件做准备，制订他不会违反的时间表和计划，等等。有些强迫症患者会给自己一个关于未来的承诺，然后风雨无阻地坚持下去。例如，如果他们计划在某个日期去参加一个聚会、野餐或旅行，即使他们摔断了腿，或者在感到非常沮丧或不开心等其他什么情况下，他们也会去参加。仿佛他们不能改变自己的想法，那会让他们陷入焦虑，陷入恐慌。当然，这种对未来的安排，对未来的几何化，使一切都成为算术的、精确的、可预测的、可控制的，等等，也是为防止焦虑而采取的必要措施。这种焦虑来自不得不面对的意外事件，仿佛他们要避免发生任何事前无法做准备的情形。他们不能随机应变。他们不相信自己能在突发事件中找到解决办法。

对于这样的人，对于这样的会计人员，放弃严密的控制和检查将是一种令人焦虑的情况。他们必须随时了解正在发生的一切，即使是微不足道或不重要的事情，即使是涉及对其他人的不信任。也许，这也说明了我们的会计系统只处理有形资产，只处理可以转化为货币交换的品质或特征的倾向。执着的人一般倾向于不信任情感、质疑任何形式的混乱、质疑任何形式的不可预测性，还会质疑人性。我在这里想起了会计必须把所有的东西都用数字记录下来的习惯，而那些专制的组织理论家则必须把任何组织中所有的人与人之间的关系都简化为墙上的图表，用简单的线条和简单的几何形式来表现。

统计数据、时间表和其他外部线索可以作为缺乏内在声音和确定性的替代物。因为有经验而果断的人，才能够以健康的方式使用这些外部辅助手段。

# 第三十三章
# 关于利润、成本等概念的重新定义

　　会计师的问题是要设法将企业的人力资产列入资产负债表：也就是说，协同作用的数量，组织中所有工人的教育程度，为使优良的非正式团体像优良的篮球队一样合作而投入的时间、金钱和努力，忠诚度的提高，敌对和嫉妒的减少，减少限制产量的倾向，减少小病大养的倾向而投入的时间和金钱，等等。这与这些人类资产对城镇或城市、州或国家乃至全人类的价值完全不同。

　　我认为这一点在利克特的著作中描绘得非常好。通过专制严密控制的压力方案，在短时间内提高生产力是有可能的。在实验期间，直接的压力产生了大幅度的生产增长，比参与式管理方案中实现的生产增长要大一些。然而，只要我们看一看这个实验的其他人力后果，我们就会发现，当我们只关注生产力时，情况就有点片面了。总而言之，这个实验虽然提高了生产力，却降低了忠诚度、兴趣、对工作的参与度等，并导致了态度的恶化。简而言之，所有在资产负债表上看不到的人力资产都被大大削减了，所以事实上，这只有利于短期内提高生产力，企业的福利在某种程度上受到了长期的损害。但我被告知，这在任何商业情况下都很容易做到——通过使用资产、不为未来建设、牺牲各种不被会计师计算在内的人力资产（忠诚度、对主管和经理的良好态度等），在某一短期内换取利润没什么难的。

　　这再次提出了把短期运行和长期运行鲜明地区分开来的所有管理哲学的重要性。开明的管理对长期经营来说确实是最有效的，对短期经营可能不是最有效的。这有点像在遇到紧急情况时人体可以在短期内耗尽长期的资源一样。例如，肾上腺素可能会在紧急情况下奋起直追，并在紧急情况下继续生产，但从长远来看，这实际上可能会导致死亡或对机体造成永久性损害。同样的情况也适用于耗尽人体的其他资源，如脂肪、氧气储备或肝脏中的糖原储备等。

　　也许在这里我们还可以补充一个关于消费态度的同样明显的观点。消费者的良好意愿也可以在短期内被用掉，以获取更高的利润，从长远来看，这是一种自毁式的经营模式。例如，一个新的管理层接管了一个传统的、受人尊敬的、受人信任的公司，他掠夺公司的资产，利用消费者的信任生产劣质货或假货。在一段时间内，消费者不会注意到这种改变，当然，通过这种方式可以获得更大的利润。但是，从长远来看，客户的善意、消费者的忠诚度将因此而丧失。对于任何想持续一个世纪的企业来说，这都是自毁式的经营模式。

　　要向会计提出的问题是，你把消费者的良好意愿和消费者的忠诚度放在你的资产负债表中哪个部分？对于这个因素的经济现实，绝对没有疑问。问题是如何将其转化为数字或可以表示任何组织资产和负债的某种特性。我们可以问会计师自己，如果完全不考虑过去 12 个月的利润情况你更愿意把你的储蓄投资在哪家公司，是在组织中拥有大量人力资产的公司，还是在组织中拥有少量人力资产的公司？然后是另一个问题：你会投资哪家公司？是拥有消费者良好意愿的公司，还是已经耗尽消费者良好意愿的公司？向会计提出更多的问题：你愿意把你的储蓄投资在哪家公司？是工人士气好的公司，还是工人士气差的公司？是流动率高的公司，还是流动率低的公司？是病假率高的公司，还是病假率少的公司？等等。

# 第三十四章

# 开明的推销员和客户

　　如果我们假设企业有长期存在并保持健康的目标，无论是在稳定意义上还是在增长意义上，如果我们还假设企业拥有为保持兴旺所需要的一切条件，那么这也将对销售员和客户的定义产生影响。从目前的情况来看，对推销员和顾客的概念和定义与兜售蛇油的人和容易受骗的人的概念和定义相比，只是在此基础上略有修改罢了。这种关系在所使用的措辞中看得非常清楚，这意味着不是客户欺骗了推销员，就是推销员欺骗了客户，有很多关于谁被骗、谁被利用或谁被剥削的讨论。或者说，就好像有时把顾客说成是一只身上有很多血的羊，它在那里可以被更聪明的蚊子、水蛭或其他什么东西吸食，他只是一个不被尊重的宿主动物，只是为了被利用或被占便宜。

　　目前的刻板印象是，推销员是那种目光短浅的人，希望马上看到业绩或即刻获得成功。他只想做这单生意，而不会过多考虑下周会发生什么，他也不会过多考虑整个企业或全国其他地区的销售办事处会发生什么，等等。他只关心此时此刻的问题，不仅目光短浅，而且视野狭窄。有这类行为的人就被认为是推销员类型的人，而且是成功的、优秀的推销员。他如果是在其他条件相同的情况下，产品越差或条件越差，却还能成功销售，就会被认为是更好的推销员。

　　但是，务实的管理和兴旺的企业，当然需要不同类型的人，需要销售员和客户之间形成不同的关系。首先，推销员必须目光长远，眼界要宽，在因果关系和整体关系上有更广泛的思维。为什么要这样呢？嗯，一般来说，这是因为假设这些客户应该会存续一两个世纪时，兴旺的企业和它的客户之间的关系是与众不同的。一个优秀的客户应该是想要最好产品的人，他是聪明的、务实的、理性的、有德行的、有道德的，等等，他将以理性的方式选择最好的产品、最实惠的价格、最高的质量，但他也会倾向于从销售员和企业的道德和诚信方面来判断产品和企业以及与之相关的一切。也就是说，如果他上当受骗了或者产品是用其他欺骗手段销售给他的，货不对板，他就会生气。

例如，我可以用一个例子来说明，当我是一家小工厂的经理时，我试图让自己的生活变得更简单。我告诉供应商，我不想花时间仔细检查他们带到我工厂的任何东西，我希望能够信任他们。我告诉他们，我将给他们一个订单，但不检查所提供的材料。那么，如果我被骗了，我当然会要求他们弥补自己被骗的损失，并拿回我的钱，但是，此后我将不再与他们有往来，他们也将失去建立有利可图的关系。背信的事情还真就发生了。他们中有一个人以一种非常愚蠢的方式送来了一些完全不合格的产品。我不得不费尽心思地把它们寄回去，把我的钱拿回来，我告诉他再也不要给我送货了，无论他出的是什么价位，我都不会接受他的产品。此后，他确实试图压低价格供货，但我拒绝了，事实上，我再也没有与他做过任何生意。他所做的，实际上是失去了一个客户。他表现的像是生意只做两个星期，然后就打算关门大吉一样。做这种事情的推销员，从长远来看，会破坏他所代表的企业（由于我们是长期经营的企业做生意，这一点变得至关重要）。也就是说，一个"优秀的优心客户"是不喜欢被愚弄的，是一个知恩图报的人，如果企业和它的代表把顾客的利益放在心上，那么顾客便会表示感激。

另外，认真对待顾客的利益，并真正努力为他服务或帮助他兴旺起来，即使这有时意味着心甘情愿地让他购买对手的产品而不是自己的产品，也同样是有帮助的，因为这在他心中建立了一种信任感，并保证如果这家企业最终推出了更好的产品，顾客肯定会回来购买它。

所有这些都需要一种美德，当然不能指望如今大多数人都拥有这种美德。也就是说，一个企业经理会希望顾客购买最好的产品，即使它是由竞争对手的工厂生产的。这代表了一种正义和美德，即使目前对他是不利的，但从长远来看，这将有助于他和其他人——至少在更高的需求层次和超越性动机层次上。当然，这需要非常客观和公正的态度。然而，事实上，在我们的社会中，偶尔也会遇到这样的情况，例如，一个失去宗教信仰的牧师，会辞去他的职务，但也会绅士地行事，尽管这完全是隐藏在他头脑中的。在政治形势下，也就是在某些政府中，人们也会这样做：如果他们不同意政府的做法，他们会主动辞职。如果良好的条件能够长期保持，我们会期待越来越多的这种客观性行为和绅士风度以及诚实的态度被传播。如今，这种情况还极少见，只是在有情人之间有时才能见到。

我认为，让许多或大多数商人和推销员告诉顾客可以去试一试竞争对手的产品可能更适合客户的需求，这是过分了，然而，在一个健康的、兴旺的且长期经营的企业中，正是这样做才会有回报，也就是说，在这些良好的条件下，这种美德会得到回报。由此也可以看出，安德鲁·凯试图改变的是拥有一种理想条件，例如，不屑于讨好、贿赂，也不需要与不喜欢的人建立友谊，来诱使他们购买产品。这是一种什么样的生活？如果我被迫成为一个伪君子，假装与那些我实际上并不觉得友好的人成为朋友，我将过着什么样的生活？如果我连不与他们共进午餐的自由也没有，那么经商和掌控自己的命运有什么好处呢？

采取这种举措就是在制度上不鼓励贿赂行为，这种贿赂本质上是对客户的迷惑，是在混淆视听，试图暗示他由于个人的感激或忠诚之类的原因购买一个二流产品。这里也可以指出，如果顾客是一个理性的人，这种事情恰恰会使他对产品的价值产生加倍的怀疑。一个好的产品不需要这种毒害行为、迷惑或贿赂，提供贿赂一定会使诚实的人反感。

在理想的经济条件下，任何企业所能要求或应该要求的就是使最好的产品胜出。这就是公平、自由和公开的、理想之间的竞争。因此，这些认为最好的产品应该胜出的人应该发现，任何会混淆这一基本问题的因素都令人厌恶（积累真正为客户服务也可以使企业自己获得回报的实例，对系统地阐述这个观点是非常有帮助的）。

那么，开明的企业的销售员的职能与过去的传统职能不同。首先，他应该对他的产品有必要的了解，他应该是一个了解市场状况的人，了解他的客户需求，了解整个企业，了解他所从事的整个行业。信任、坦率、诚实、真实、效率——这些应该是他的座右铭（要指出的是，这不仅是基于道德的考虑，也是基于对企业有利的考虑，在这些条件下，长期信奉美德实际上会得到好处，其实也是自私的。但最好从协同作用的角度来做最后的陈述，也就是说，告诉读者，在良好的条件和良好的人性的高层次上，自私和不自私，私人利益和公共利益不是两极对立的，或者说两者并不是相互排斥的，而是以一种新的方式和谐共处，成为一种新的统一体）。另一种说法是，推销员必须是一个正直的人，一个可以值得信任的人，一个言而有信的人，一个有荣誉感的人，一个绅士（与旧时代推销员的标准传统刻板印象形成明显对比，对推销员的传统看法与此截然相反）。

最后，还有一件事必须大力强调，这是我读过的关于销售技巧的资料中所缺少的，即销售员除了销售，还有另一个功能——他是公司的耳目，是公司的代表或大使，是公司的延伸。首先，在良好的营销情况下，任何企业都应该有一个非常稳定的反馈，关于消费者的需求，关于市场的需求，关于产品的满意程度，而现场代表或销售员正是收集这些信息并反馈的人。此外，这意味着销售员、外交官、现场代表或营销人员，无论我们最终选择如何称呼他（"销售员"这个词真的不是很恰当），都要承担整个企业中每个人的每一项重要职能（在特定的场合和时期），比方说负责革新和新产品开发的副总裁，也是产品的推销员。

考察未来的营销人员的另一种方式是摒弃操纵暗示的概念。现在的问题是，普通的推销员认为自己是一个操纵者，把心理学家看作一个操纵者和控制者，即在某些情况下会隐藏信息和真相而工作的人。但是，原则上，新的开明的销售技巧或市场营销人员必须依靠对事实的完全公开，他们的工作建立在坦率、诚实和真实的基础上。嗯，这需要一种特别的性格才能做到，而眼下那些刻板的推销员并不是这种性格的人，因此，必须改变选拔政策。现在雇用的推销员要在一个开明的企业中工作，面向未来，必须以不同的方式进行培训，必须具备能够满足那些新要求的人格特征。

# 第三十五章

## 关于推销员和客户的进一步论述

　　开明的推销员和开明的顾客都是基于一个优质的和有价值的产品的假设。如果企业的产品不是优质的，那么这种 Y 型管理将破坏整个企业，就像真理一般会打破谎言和虚假。另一种说法是，Y 理论管理只适用于良性的情况，即每个人都信任产品，并能认同它，为它感到自豪。相反，如果产品不是优质的，企业必须隐瞒、伪造和撒谎，那么存在信奉 X 理论的经理、客户和推销员是有可能存在的。反过来说，如果真的使用 X 理论，那么这表明客户可能对产品不信任，推销员对顾客的理性不信任（假设他没有足够的理智来挑选最好的产品，假设他愚蠢到被不相关的数据愚弄和欺骗）。实际上，这表明对顾客理性水平的测量会给我们一个指示，即用哪种类型的管理将是最成功的。低水平的理性表明，一个成功的企业必须使用 X 理论哲学。高层次的顾客理性表明，使用 Y 理论管理会做得更好、更成功。

# 第三十六章

## 关于推销员和推销技巧

　　推销员的一项性格特征似乎很快会显露出来了，那就是他们是典型的目光短浅之人，想要尽快收获成果，想要稳定而快速的报酬和奖励。这有点像说他是一个更"实际"的人，然后我想到，这与更"理论"的那种人形成了对比。而这种对比，反过来可能可以用短期和长期来表述。在这个意义上，"实际性"缺乏维持长久的能力，他需要快速的成功和快速的胜利。这应该意味着在较短的持续时间内工作，而且我认为这将是可测定的。也就是说，对他来说，未来几个小时，未来几天，构成了现在，这与更多"理论性"的人可以将时间延续到几年以后形成了对比。

　　那么，我所说的维持短期的时间是指下述这类情况：一位典型的推销员在星期四下午，在费城与客户琼斯进行了一笔特殊的交易，并急于完成。他不像一个讲究理论的人那样认识到这一孤立的交易对一年后在费城、在同一地点、在同一空间可能发生的事情的影响。他不太关心对其企业的销售组织或工程组织的其他部分可能产生的影响。也就是说，实践型的人较少考虑后果，较少考虑规律性，不怎么考虑一致性和不一致性，以及不考虑全国各地交易的因果链。这就像整体思维的方式，与其说是因果链，不如说是同心圆或环形的波浪从中心向外扩散，或者说像由小到大依次套叠在一起的一套盒子。而理论性较强的人对他所做的任何事情在时间和空间上的所有远期后果都有更多的认识思考，讲求实际的人看不到在时间和空间上会不断产生的"后效"。

也许从另一个角度来看，我认为相关因素也是可以测定的，那就是更讲实际的人，也是注重具体的（而不是抽象的）人。他倾向于专注于眼前的事情，专注于他能看到、摸到和感觉到的东西，以及就在此时此刻发生的事情，而不是那些看不见的、遥远的和未来才发生的事情。

我想，在任何社会中，在实用性、具体性、在此时此地的问题上都会有这样的个体差异，而将这些差异性用于不同类型的目的是很好的。然而，我不禁感到，走向更开明的管理将鼓励减少这种特殊的销售技巧以及实用性和具体性。也就是说，我预计性格上的差异会继续存在，但会被削弱。我预计这些特征上的差异也会被利用，但极端的实用性将不再那么有用，也不再那么被需要。它涉及太多与其他人的隔绝，涉及太多对销售的特定人际关系的隔绝。毕竟，一个开明的社会比一个不开明的社会更具有整体性。事实上，这些说法几乎是同义词。个人主义可以用来描述非开明的社会，它更加分裂，更加分离，更少地被束缚在一起，更少地被捆绑在一起，更少地被整合，更缺少相互协调。

这里当然有一个对性格描述有用的理论观点。我们的倾向当然是以对分的方式对比实践者和理论者，在这个意义上，我们说"理论的人"不切实际，也就是说，他们只有理论，而且理论水平很高，实践性却很低。但是，我们从对健康人的研究中学到的一个教训是，健康人很容易做到许多事情。在这个例子中，健康的理论家既是健康的又是切实际的，这取决于特定的情况和对该情况的客观需要。另外，健康的"实际的人"，或者在这种情况下，健康的推销员的类型，必须更加实际，但也不完全是这样。当所处环境存在客观需要时，他也会变得有些理论化。这些性格上的差异只是平衡和程度上的差异，而不是有和没有、存在或不存在的区别。

这都是在说，即使在开明的条件下，也需要销售员类型的人，"实际的人"的存在也是必要的。因此，推销员类型不应该被认为是不被需要的、无用的或病态的。我们所要做的是，为了开明的目的，修改和纠正一些对我们认为是典型的推销员身上发现的品质的过分强调，他的特点是对明天发生的或其他地方发生的与职务有关的事情毫不在乎。当然，这种刻板印象是需要纠正的。

我想到的一件事，也是可以检验的，就是这种只关注当下的这种类型推销员，可能很少受其过去的经历，特别是他过去成功经历的影响。对于普通人来说，一年前的成功仍然在积极地支持着他的自尊。对于现在的推销员来说，这种情况可能要少得多。他需要持续不断地获得成功。在好莱坞，他可能会说："你只有在你的最后一部电影中才是好的。"推销员可能会说："你只有在你的最后一笔销售或最后一本账簿中才算好的。"或类似的说法。

我认为，无论是在良好的社会条件下，还是在糟糕的社会条件下，理想的推销员类型的人都有一些文献中经常提到的狂妄自大、骄傲自满、善于操纵和控制的特性。自尊心和自信心是推销员的必要条件。为了体验"战斗"带来的快乐，为了把一个顽固的客户看作一个令人愉快的挑战，一个人必须有稳定和深刻的自信和自尊——认为成功是有可能的坚定信念。这意味着在消极方面，推销员类型的人应该很少自我抑制和自我怀疑。当然，他也很少有受虐倾向、对胜利恐惧和"成为一个失败者"的倾向。他不希望毁灭自己，不希望带给自己的是惩罚，他一定不会因为获胜而感到内疚，他一定不会因为获胜而感到要受到惩罚。我认为这都是可以被检验的。

令人怀疑的是，推销员类型人的表面交际能力、对同伴的喜欢、合群程度等，不代表对人的真正喜欢。如果这种说法是正确的，即推销员类型的人似乎把自己当作了麋鹿，跑出去找其他麋鹿，并享受战斗带来的冲突，尤其享受战斗带来的成功，那么，他必定没有帮助别人的冲动，没有为人父母（特别是母亲）的冲动，没有成为护士、医生或心理治疗师的冲动，他们也没有从治疗其他人并从中减轻他人痛苦中得到极大乐趣的冲动，没有从其他人的自我实现中获得极大满足的冲动，即使是爱与兄弟情谊的范围也是非常有限的。与其他类型的人相比，推销员类型的人也缺乏协同感。在某种程度上，这一切真的构成了一种丛林哲学，尽管优秀的推销员很容易把这看作一片非常令人愉快的"丛林"，充满了乐趣和友好的战斗，以及确定无疑的成功。这一切都非常令人高兴，因为他对自己非常有信心，相信自己有能力战胜"丛林"中的其他人，他倾向于把这些人看作弱者，不如他好，不如他聪明，不如他强壮（因此也许是有点可鄙的，认为别人是要屈尊于他的，而不是他去爱或认同别人）。

如果我们认识到 X 理论的销售员和 Y 理论的销售员是不同的，那么对我们今天试图弄清楚什么是"优秀的"推销员会很有帮助。如果推销员所代表的企业是 Y 理论而不是 X 理论类型的，那么这在人员选择和人员培训方面当然很重要。今天，一个好的 Y 理论销售员肯定会更清楚他与企业的关系，更认同企业，更认同企业中的所有人员。我认为他的自我形象更多的是作为一个大使或整个企业的代表，而不是作为一匹孤独的狼只是追求自己的利益，甚至也不是企业与客户之间的中间人。

当然，Y 理论推销员的操纵特性必定会少一些。出于各种原因，这一点是成立的，但最重要的原因是，与 X 理论的推销员相比，Y 理论的推销员更接近于完全诚实和坦率。这是因为，任何希望长期经营并保持健康兴旺的企业，肯定希望与客户建立一种非操纵性的信任关系，而不是快速掠夺的关系。这就是 Y 理论销售员比 X 理论销售员需要更长时间的原因之一。

Y 理论销售员需要的另一种改变是，他不仅要把自己看作客户的战胜者、赢家和征服者，而且还把自己看作企业获取客户反馈的感觉器官。Y 理论的销售员不仅仅是销售，还需要与客户建立良好的、客观的、实事求是的关系。在这种情况下，销售员应该被视为一个非常有价值的信息反馈来源，这对于不断改进产品或不断纠正其缺点是绝对必要的。以上这些是对 Y 理论推销员树立关于他与客户之间、与其企业之间的关系的新概念的要求。他是企业的一部分，至少有两种职能只有他能履行，其他成员都无法完成。但如果他把客户看作被骗的羊，他就不能很好地履行这些职能。

我想这里涉及彼此友善的问题。当然，我们知道任何类型的顾客在产品不好的时候都会抱怨。但是，人们只能期待一个有良好意愿的顾客，他应该积极努力向销售员和企业传递信息，这不是抱怨，而是关于改进产品和扩大企业的积极建议。我在这里想到的是客户超越自己应尽的义务的例子，即实际上是在帮助销售员和企业解决一些麻烦。例如，当地的 KITT 广播电台近日宣布，它将像其忠实的听众所做的那样，让他们的广告商明白，听众喜欢和不喜欢 KITT 的哪些节目。他们解释说，这将使电台更容易售出广告时段。嗯，这是一个超出职责范围的要求，需要有非常积极的态度。这就是我想表达的那个例子，这在推销员和客户之间的任何"从林关系"中都是不存在的。

所有这些关于长期和短期经典事例的思考提醒我，一般有机体理论比以前更适用于管理政策。我认为，对开明的管理政策最有力的长期支持之一，即经验和理论支持，如果人们真正从长期（也许是一个世纪）来考虑问题，它更可能保证公司的维持和积极增长。如果有人问经理："你希望这个公司在你去世之后，也能继续发展吗？"开明管理的很多特性会变得非常清晰，也会非常容易理解。任何一个想把自己的私有企业传给儿子或孙子的人，对自己死后或退休后整个企业的情况肯定不会不闻不问，他的运作方式肯定会有所不同。采用真正长远的态度的一个最明显的后果是，企业对客户的要求完全是不同的，诚实、坦率、善意、不隐瞒、协同关系——在长期合作的情况下，这些都是必要的。

有机体理论的真正应用也是如此，特别是在其整体方面。也就是说，如果一个人认识到自己的企业确实与社会、国家、民族和世界有关，在良好的条件下更是如此，那么采用这种态度的后果是十分容易理解的。这样的企业的行为将不同于一个认为自己是完全独立自主，不受任何人约束的，不与任何人发生联系的，甚至与所有人作对的企业。例如，一个欺骗一些只是路过的顾客，为其提供饮食服务的企业。对于讲究实际或讲求短期利益的人来说，欺骗这类人是容易的。事实是，如果一个人希望企业长期兴旺发达，并且希望与整个社会有健康的联系，那么他就不能成为这种诈骗者。

所有这些关于 X 理论推销员和 Y 理论推销员的讨论都可以与新的法律协同概念相比较，我们可以将其与目前的法律概念相比较，后者是一种决斗或战斗审判，一种辩护律师和起诉律师之间的冲突，各方都不考虑正义、真理或类似的事情，而只是试图在现有的法律条文下获胜。在一个更具协同性的社会中，当然会有被告和检察官等，但我相信，在这样一个社会中，起诉律师和辩护律师不仅有义务为他们的客户提供最好的服务，尽可能地打赢官司，他们也有维护公正、揭露事实真相的重要职责。

因此，即使在开明的条件下，我们也需要优秀的推销员（也许我们会称他们为营销员而不是推销员，以强调不同的态度和新的职能）。在任何情况下，好的营销员肯定想把他最好的一面展现出来，强调他的产品的所有优势，而不必完全站在中立的立场介绍产品。顺便说一下，在任何社会中，都应该有一个人指出某个产品的突出优势和巨大可取之处。

与 X 理论的管理相比，Y 理论的管理显然不那么容易在商业世界中助长贪污和不诚实的行为。这不仅是出于道德和伦理的原因（随着个人和组织的健康发展，道德和伦理的激励价值肯定会增加），而且在简单的实用性方面，如上面提到的 Y 理论与销售员和客户的关系。建立良好的意愿、信任、诚信，也能带来非常实际的商业后果，这对于客户来说是非常有利的。我自己是知道的，如果一些销售员欺骗了我，我就一定不再和他的企业打交道。与骗子打交道永远不会有好处，特别是从长远来看，还要特别记住，除经济损失外还有"心理报应"和惩罚的交往，记住这一点吧！从这个角度来看，骗取个人所得税或偷窃是不值得的。考虑到内疚感、羞耻感、尴尬感和内心的冲突等，这还会使人产生抽象的有关道德的情感，也就是说，这是一种实际的、精明的说法，也是一种荒唐的或脱离实际的说法。

　　这让人想到，Y 理论销售技巧的一个后果实际上是失去一些客户，但那是一些不良的客户，我认为如果企业可以承受，最好还是放弃这些客户吧。这些客户无论如何都不会忠诚，他们会不断地试图诈骗、撒谎和欺骗，等等。除非公司在某个特定时刻非常需要业绩，否则在一个世纪之后也绝不会为了一时的利润而与这样的客户产生任何关系才是非常明智的。另一方面，遵循 Y 理论的诚实推销对我们称为良好客户的那些人会产生积极的吸引力，那些会忠诚的人，会坚持的人，可以信任的人，等等。这种说法与"半透膜理论"有异曲同工之妙，它让符合条件的元素通过，把不符合条件的元素过滤掉。

　　所有这些考虑都带来了选择问题：管理层对推销员的挑选，客户和推销员之间的相互挑选。这就出现了一个问题：谁是选择客户和推销员的最佳人选？谁是决定雇用和解雇的最佳人选？一般来说，我们可以说，健康的人是更好的选择者，因为他们会更客观地选择，也就是说，会从客观要求、客观情况的角度来选择，与此相反，神经质者更倾向于从满足自己的神经质需求的角度来选择。另一种说法是，健康的人是心胸豁达的人。也就是说，与不太健康的人相比，他们能在时间和空间上看得更远、更客观。这相当于说，他们更现实、更务实，如果考虑得长远的话，他们更成功——更"精明"的成功。

# 第三十七章
## 低层次的抱怨、高层次的抱怨和超越性的抱怨

　　一般原则是这样的：人们可以生活在不同水平的动机层次上，也就是说，他们可以过高水平的生活，也可以过低水平的生活，他们可以在丛林中过勉强维持生存的生活，或者他们可以生活在一个开明的社会中，拥有富足充裕的生活，所有的基本需求都得到了满足，思考诗歌、数学的本质或诸如此类的问题。

　　判断生活的动机水平有多种方法。例如，人们可以根据引起人们大笑的幽默类型，来判断人们生活的水平。生活在最低需求层次的人很容易发现充满敌意和残忍的幽默是非常有趣的，例如，他们往往乐见于被狗咬的老太太或一群孩子戏弄残障人士，等等。亚伯拉罕·林肯式的幽默（哲学性、教育性的幽默）带来的是微笑而不是捧腹大笑，它与敌意或征服没有什么关系。这种较高层次类型的幽默，是生活在较低需求层次的人根本无法理解的。

　　表露自身各种特征和表现性行为的投射测试，也可以作为了解人们动机水平的一种方法。罗夏测试可以用来测试这个人正在为什么积极奋斗着，他希望、需要和渴望什么。所有已经得到充分满足的基本需求往往会被遗忘，并从意识中消失。得到满足的基本需求只是在某种意义上不再存在，至少在意识中是如此。因此，这个人所渴望的、想要的和希望的，往往是在动机层次中处于优先位置的需求。专注于这种特殊的需要，表明所有较低的需要都已经得到了满足，而且表明那些更高层次的、超出这个人所渴望的需要对他而言望尘莫及，所以他甚至不考虑这个问题。这可以从罗夏测试中判断出来。另外，这也可以从梦境和梦境分析中做出判断。

同样，我认为，抱怨的层次水平，也就是一个人需要、渴望和希望的水平，可以作为一个人生活的动机水平的指标。在商业情形下研究抱怨的层次，也可以作为组织健康水平的衡量标准，特别是有足够多的样本的话。

例如，以生活在专制的企业环境中的工人为例，周围环境充斥着恐惧、欲望甚至饥饿都是真实且可能发生的，在这种环境中，由领导决定工作内容和工作方式，工人们只能顺从。这样的工人如果有抱怨或埋怨，很可能是因为基本需求没有得到满足，而这些需求在等级制度中是很低的。处在这样的最低层次上，意味着抱怨都是和寒冷、潮湿、生命危险、疲劳、糟糕的住所以及所有这些基本的生理需求有关的事情。

当然，在现代工业情形中，如果遇到这种抱怨，就表明该组织的管理水平极差，生活水平极低。甚至在一般的工业情形下，这种投诉，这种低级的抱怨也几乎不会出现。从积极的方面来看，这些抱怨代表着希望或优先需求尚未获得满足——这些大概也都是处于低层次需求的抱怨。也就是说，在墨西哥的工人可能会在保障和安全层面上发出积极的抱怨，比如害怕被任意解雇，不能计划他的家庭预算，因为他不知道这份工作会持续多久。他可能会抱怨完全没有工作保障，抱怨工头的独断专行，抱怨为了保住工作而不得不承受的各种屈辱，等等。我认为，我们可以把那些来自生理层次需求的抱怨，还有来自合群层次的需求和归属非正式社交群体需求的抱怨，称为低层次抱怨。

更高层次的需求主要是在自尊和自重层面上，其中会涉及尊严、自主、自尊、来自他人的尊重等问题；价值感、获得赞美和奖励以及因自己的成就而获得的荣誉，等等。在这个层面上的抱怨可能主要是关于尊严的丧失、对自尊和威信的威胁。现在，就超越性抱怨而言，我在这里想到的是在自我实现的生活中所持有的元动机。更具体地说，这些可以被总结为我在《宗教、价值观念和高峰体验》（*Religions: Values and Peak Experiences*）一书中列出的 B- 价值观念[102]。这些对完美、对正义、对美、对真理等的需求也体现在工业领域，在那里很可能会有对低效率的抱怨（即使这并不影响抱怨者的口袋）。那么，实际上，他是在对他所生活的世界的不完美进行陈述（但这不是一个自私的抱怨，而是一个非个人的和利他主义的哲学家的抱怨）。或者他可能会抱怨没有得到完全的真相，或者抱怨自由交流受到阻碍。

这种对真理和诚实以及所有事实的偏爱是超越性需求之一，而不是"基本"需求之一，在这个层面上有抱怨的人，严格来说是生活在一个非常高层次的生活水平上。在愤世嫉俗的社会中，在一个小偷、暴君或卑鄙龌龊之人横行的社会中，人们不会有这样的抱怨——他们的抱怨会在一个较低层次的生活水平上。对公正的抱怨也是超越性抱怨，我在一个管理良好的地方的工人报告中看到了很多此类的抱怨。他们很容易抱怨不公正的事情，即使这些事情对他们个人经济有利。另一种超越性抱怨是抱怨有美德的人没有得到奖励，而小人却得到了这些奖励，即正义有失公允。

换句话说，上述一切都非常强烈地暗示着，人类将会永远抱怨。没有伊甸园，没有天堂，除了一两个短暂的瞬间，没有极乐世界——无论给予人类什么样的满足感，人们都会完全满意，这是无法想象的。这本身就是对人性最高境界的否定，因为这意味着在这之后不可能再有任何改进——当然，这也是无稽之谈。我们无法想象 100 万年的发展会不会进化到如此完美的结果。无论是什么样的满足、祝福、幸运，人类总是能够将其藏在衣襟下面。他们会在一小段时间内对这些祝福感到高兴，然后，一旦他们习惯了，就会忘记，并开始把手伸向未来，以期获得更多的祝福，因为他们清楚地知道，可以得到比现在更完美的满足。在我看来，这就像一个无休止的过程，一直持续到未来。

因此，我想特别强调这一点，因为我在管理学文献中看到了相当多失望和幻灭的情绪，以及偶尔放弃整个开明管理哲学而回到专制管理的主张，因为管理层对由于缺乏感激之情和对当更好的条件出现时仍然抱怨的情况感到完全失望。但是，根据激励理论，我们永远无法期待人们停止抱怨，我们只能期待这些抱怨的层次越来越高，最后上升到超越性抱怨的层次。这在原则上符合我所写的关于人类的动机是永无止境的，而且随着条件的改善，会一直进行到越来越高的水平。这也符合我的挫折水平的概念——我否定了挫折必定有害的简单看法；我假定挫折感也有等级之分，从低挫折感到高挫折感的水平发展是一种福气、好运的标志，是良好社会条件的标志，是个人成熟的标志。我居住的城市，妇女委员会激烈地抱怨公园里的玫瑰园没有得到充分的照顾，这本身就是一件美妙的事情，因为它表明抱怨者所处的生活高度——她们生活在高水平的生活中。抱怨玫瑰园意味着你的肚子已经被填饱，你有一个能够栖身的理想之所，你有火炉来取暖，你不再惧怕鼠疫，你不会惧怕被暗杀，警察和消防部门工作良好，政府是有所作为的，学校的管理有方，地方政治是优秀的，以及许多其他前提条件都已经得到满足。此处的关键是：高层次的抱怨不能被简单地等同于其他抱怨，它必须被用来证明所有前提条件已经满足，以便使这种抱怨的高度在理论上成为可能。

如果一个开明和聪明的管理层深刻理解上述所有内容，那么这样的管理层就会期望条件的改善可以提高抱怨的层次，提高上述的挫折层次，而不是期望条件的改善会让所有抱怨消失。这样一来，当很多精力、金钱和努力都被用于改善工作条件，并不会出现人们将变得失望和愤怒的风险，只是抱怨会继续存在下去。我们必须关注的是，这些抱怨的动机层次水平是否上升了？这才是真正的检测，当然，这也事关所有可以期待的一切。此外，我想这意味着我们必须学会为这样的事情感到高兴，而不仅仅是对它感到满足。

这里确实出现了一些特殊的问题。其中一个问题是关于公平与否的问题。当然，如果把人们的私利进行比较，当然会有很多小抱怨——也许某人有更好的灯、更好的椅子、更高的工资，或者诸如此类的事情。这样的事情可能会变得非常琐碎，人们会比较他们办公室里办公桌的大小，或者他们的花瓶里是有两朵花还是一朵花，等等。通常，我们将不得不在特定的意义上做出特别的判断，以确定这是否关乎超越性需求的公正层次，或者它是否仅仅是优势等级和该等级向前发展以试图抬高声望的表面迹象。甚至可以像道尔顿著作中提过的例子那样，我记得的一个例子是，人们注意到，如果老板的秘书对一个人表现得很友好，而忽视另一个人，这就意味着后者可能即将被解雇。换句话说，人们必须在特定的情况下对动机层次做出猜测。

也许另一个更困难的问题是试图从动机的角度分析金钱的意义。在动机的层次中，金钱实际上可以与所有价值观念有关，它也可以关乎低、中、高层次价值观念，或者关乎超越性价值观念。当我试图明确特定的需求层次时，当然有一些例子我无法解释——在这种情况下，我只好随它们去算了，就当这些例子是毫无价值的，把它们搁置到一边，不再尝试将它们列入动机等级中。

当然也会有其他难以归于动机等级的情况。最谨慎的做法可能是不去评估它们，把它们作为不可用的数据放在一边。当然，如果一个人正在进行一项大规模的、严谨的个人研究，那么他可以回去重新采访这些人，看看他们的抱怨到底意味着什么动机，如对金钱的抱怨。但在本研究中，这样做并不可行，也不可能，甚至没有必要。如果我们对用于实验目的的两个工厂（即管理良好的工厂和管理不善的工厂）使用相同的评分标准，情况尤其如此。

### 关于什么是真正的恶劣条件

让我们想想，在极端情况下，什么是真正的恶劣条件。在管理学文献中，没有任何有关恶劣条件的例子，即任何临时工或非专业工人所熟知的那种，接近于内战边缘的恶劣条件。也许我们可以把战俘营、监狱或集中营之类的地方作为一个例子。或者，在这个竞争激烈、残酷的国家中，用那种只有一两个雇员的、一分钱都至关重要的小企业作为例子。在这种情况下，老板只能通过榨干员工的最后一滴血来生存，到了绝望的地步，员工就不得不辞职；而老板会试图通过拖延时间来紧紧抓住他们，在他们辞职之前尽可能多地赚取利润。我们不要陷入一种错觉，认为管理相对较差的大公司有"糟糕的条件"——这些条件一点也不糟糕。我们要记住，99% 的人愿意付出相当长的时间，在我们整个国家管理最差的大公司中工作，甚至是在那里度过他们的人生。我们需要更宽松的比较标准。我想，也许应该从我们自己的经历中选取一些恶劣条件的例子进行研究是非常值得考虑的。

### 另一个"并发症"

最近，良好条件的一个特征逐渐显现、出现在人们的视野中。当我第一次碰到它时，我也很惊讶，那就是良好的条件尽管对大多数人有良好的作用，然而对某一小部分人却有着不好的影响，甚至是灾难性的影响。例如，给予独裁者的自由和信任，只会使这些人产生不良行为。自由、放任和责任会使有依赖性和被动消极的人在焦虑和恐惧中崩溃。我对此了解不多，因为几年前我才开始注意到这一点。但在研究工作中，这是一个需要牢记的有意义的事情。因为在我们试图对其进行任何理论研究之前，在我们试图进行任何实验之前，我们应该积累更多的自然实例。这样说吧，例如，相当一部分处于精神病态末端的人非常容易被诱惑从而出现偷盗行为，但他们也许从未意识到这一点，因为他们一直在一个被监视的环境中工作，所以这种诱惑几乎不会被注意到。例如，假设一家银行突然变得没人管了，取消了所有的控制，解雇了安保人员和可以信任的员工，等等，那么，会有10%或者20%的员工（我真的不确定这个比例）会有意识地开始监守自盗，如果他们认为自己可以逃脱的话。

这里的重点是，不能认为良好的条件会使所有人在无形中成长为自我实现的人。某些类型的神经症患者不会这样做，某些类型的体质或气质更不可能这样做。最后，在地球上几乎任何一个人身上都能找到的一点点偷窃、虐待狂以及所有其他的罪过，都可能被这些"良好的条件"唤醒。我想起了1926年和

1927年我在康奈尔大学读本科时学校推行信用制度的方式<sup>①</sup>。我估计，大约95%（或更多）的学生都会以这个制度为荣，对这个制度非常满意，而且这个制度对他们来说运作得非常完美，这真的很令人惊讶。但是这个制度总是会对1%、2%或3%的学生不起作用，他们利用这个制度在考试时抄袭、撒谎、作弊等。因此，在诱惑太大、风险太大的情况下，信用制度通常是行不通的。

上述所有的概念和想法，原则上都可以应用于许多其他的社会心理学情形。例如，在大学中，我们可以通过教员、行政人员和学生的抱怨来判断整个社区的开明程度。在这种情况下，可能会有多种层次的抱怨，以及多种层次正在寻求的满足。婚姻也是如此，通过婚姻中的抱怨和埋怨的程度判断婚姻好坏，或者判断它的健康程度。一个妻子抱怨她的丈夫有一次忘了给她送花，或者在咖啡里加了太多的糖等，这与抱怨她的丈夫打断了她的鼻子、打掉了她的牙齿或者给她留下了疤痕之类的妻子，肯定处于不同的抱怨层次。一般来说，孩子们对他们父母的抱怨也是如此，对其学校、老师的抱怨也是如此。

我想我可以对此进行归纳，任何人际关系组织的健康或发展水平在理论上都可以通过这种方式来判断，即对抱怨和埋怨的等级层次进行评定。需要记住的一点是，无论婚姻、大学、

---

① 出于对他人的信任而不加以监督的制度，此处指对学生实施的无监考考试制度等。——译者注

学校或父母有多好，总会找到改善的方法，也就是说，总会有针对他们的抱怨和牢骚。还应理所当然地认为，有必要将这些抱怨分为消极的和积极的，对于任何被剥夺、被威胁或被危害的基本满足，都会迅速产生非常尖锐的抱怨，即使这个人没有注意到这些满足，或者认为获得这些满足是很容易的，认为完全是理所当然的。如果你问一个人，他的住处有什么优点时，他不会想到告诉你他的脚没有被弄湿，因为地板没有被淹，或者他的办公室里没有虱子和蟑螂等类似的情况。他只是把所有这些视为理所当然，不会把它们作为优点记下来。但是，如果这些被认为是理所当然的条件中的任何一个消失了，那么你当然会听到一声咆哮。换句话说，这些满足感不会带来赞赏或感激，尽管当它们被剥夺时，确实会带来激烈的抱怨。另一方面，作为对比，我们必须谈谈积极的抱怨、投诉或关于改进的建议。这些一般都是更高层次的动机等级，关乎未来，关乎下一个想要得到的东西。

我想，原则上，在理论上扩展这项关于抱怨的研究是有可能的，首先是收集极端意义上的坏老板和极端意义上的坏条件的真实案例。例如，我认识的一个装潢工人，他对他的老板感到非常愤怒，但他根本无法找到更好的工作，因为这是一个找不到更好工作的行业。他的老板找他时会对他吹口哨而不是叫他的名字，这总是使他永远感到愤怒。这种侮辱是长期的、故意的，使他在几个月内越来越愤怒。另一个例子发生在我上大学时在酒店餐厅和餐馆工作的那段经历。我报名参加了一家度假酒店的暑期工作，担任服务员（大约在 1925 年），对方支付了我去酒店的路费，却让我去做工资很低，而且事实证明根本没有任何小费的工作。我简直是被骗了，也没有钱回家，再找一份新工作更是来不及了。老板承诺他很快就会让我当服务员，我相信了他的话。作为一个没有小费的服务员，我每月的工资大约是 10 ～ 20 美元，每周工作 7 天，每天大约工作 14 小时，没有休息日。此外，这位老板还要求员工去做额外的工作——制作所有的沙拉，因为他说沙拉师要晚来一两天。在大家做了几天的额外工作后，我们问他沙拉师在哪里，他说第二天就会来。这样的事情持续了大约两个星期，很明显，老板在欺骗我们所有人，想趁机多赚一两美元。

最后，酒店里有三四百名客人，我们被要求通宵准备一些非常花哨的甜点，这些甜点看起来很漂亮，但需要花费大量的时间。员工们都聚在一起，毫无怨言地做着这些，但在我们把第一道晚餐摆在 4 号桌后，全体员工都走了出来，辞去了工作。当然，这在经济上对员工来说是一个很大的牺牲，因为当时已经晚了，找不到好的工作，可能找任何工作都来不及了，然而，仇恨和报复的欲望是如此之大，以至于这样做的满足感直到 35 年后的今天还在我心中。这就是我所说的真正糟糕的条件和我说过的"内战"。

好吧，不管怎么说，收集这种待遇、事例，可能是编制一个清单的基础，以便使受到良好管理的工人更加意识到自己多么幸运（通常他们根本不会注意到这一点，他们会认为这是理所当然的，是正常的）。也就是说，与其要求他们主动抱怨，不如制定一份恶劣条件清单，并询问他们这些事情是否发生过。例如，办公室是否有过虫子，或者太冷、太热、太吵、太危险，有腐蚀性化学品溅到他们身上，或者他们受到人身伤害、被任何人攻击，或者危险的机器没有安全防范措施，等等。任何一个人拿到一份包含 200 个此类项目的清单，就会意识到，如果这 200 个恶劣条件全都没有，这本身就是好事一桩。

# 第三十八章

# 社会改良理论和缓慢变革理论

　　由于我相当重视整体理论，它不仅与个人、社会和文化有关，而且与任何其他有机体以及社会改进的理论有关。这主要是指假定把社会变革的过程视作一个整体，那么社会中的一切都与社会中的其他事物相关联，并与之联系在一起。这意味着，你不可能通过启动某一个按钮或制定一部法律、改变一个机构、对政权或领导人进行特定的改变来改善整个社会。我不知道有什么单一的变化能必然地改变整个社会（尽管从整体上看，任何单一的变化都会对整个社会产生影响，但这可能是十分微弱的影响）。反过来说，这意味着改变一个社会的方式必然是同时在所有方面，在其所有机构中，甚至最好是在社会中的所有单一个体中同时进行变革（当然，前提是这种改变是被允许的，是可接受的，也就是说，它不是一种暴政）。

　　那么，我想说的是，第一个信仰是社会变革要全面，通过努力同时改变整个社会中的每一个机构和次级机构来实现。诚然，我们可能会争论某些机构比其他机构更重要或更主要。我当然认为，在美国文化中，最有力、最基本或最强大的单一机构是企业，但这只是在实践上成立，而不是理论上的事实。作为一个有实际经验的政治家，我当然会觉得企业的变化会比任何其他机构的变化能产生更广泛的影响，但我不想忽视这样一个原则，即所有其他机构都必须被改变，即使只是为了使企业变革本身成为可能。举个例子，很明显，开明的管理作为一种力量在企业中是不会得到传播并形成力量的，除非社会已经准备好了，除非经理们准备好了，主管们准备好了，工人们准备好了，政治家们准备好了，学校准备好了……今天，在任何专制社会中，开明的管理是完全不可能实现的。在人们开始考虑开明的管理之前，专制主义必须先要大大地减少。这只是一个例子，还可以有其他的例子。

第二个信仰是承认缓慢而不是快速进行社会变革的必要性和必然性。如果任何机构只有通过充分改变所有其他机构以允许关键机构的这种变化，那么这种沿着总战线的攻击必然是一个比革命者过去所希望的更缓慢的过程。我们可能是革命者，事实上，只要我们思考到社会改良，我们就是革命者，尽管这个词有不好的意味。那些致力于社会改良的人必须是一种与以往任何革命者都非常不同的革命者，他们必须完全接受和理解，甚至赞同缓慢而非快速变革的必要性（这可以用各种例子来说明，改变机构或个人的思想认识在其他事情可能发生之前是多么有必要）。

第三个信仰是从上述两条中必然可以看出，通过知识、有意识的控制、有意识的设计和规划、科学进行变革是必要的（而且是唯一合理的可能性）。只要我们接受复杂的社会改良理论，而不是按钮式的社会改良理论，情况就会如此。任何人都认为变革十分容易，只要通过某些特定的法律或改变宪法中的某个条款，整个社会就会发生变化。这些按钮式的革命理论之所以在历史上占有一席之地，原因之一是它们可以被愚蠢或未受过教育的人理解。因此，人们宁可接受更复杂的社会变革理论，因为这些理论更正确、更真实。社会变革必须是整体性的，这一事实实际上决定了它也必须是非常复杂的，决定了它不会被一个没有受过教育的人轻易理解，而且它甚至肯定不能被任何一个人迅速理解，不管他多么聪明，多么博学。也许任何一个人都不可能完全理解它，也许只有在实行劳动分工的大型专业团体里的成员能很好地理解自己所在部门的社会作用。这意味着事关社会改良或缓慢变革的科学、研究、教育、学习、教学等的基本要素之一，事关对要求人们做好战斗和杀戮准备的传统革命的改变。在任何社会改革中，为了维持法律和秩序，人们也许需要士兵，但更需要社会科学家，至少对于任何有方向、有意识的社会改革来说是这样。

第四个信仰是有关实际政治条款的可行性和适用性。显然，在不同的社会和同一社会中的不同时代，情况会有所不同。改变一个社会的最好方法当然不是浪费自己的精力，而是把精力用在试图改变、改进或改革那个最需要改革的机构或次级机构上。例如，在我们的社会中，有几个机构实际上是在寻求改变，而且无论如何都会很快得到改变，或者现在正在改变的过程中，并没有遭到来自任何人的反对。例如，大多数人都没有意识到护士学校扩招和培养训练有素、具有发展观念的教师，实际上都有一种特殊的成长理念，这是一种革命性的社会变革。幼儿园政策、理智和实用型的进步教育、特殊类型的家庭教育、母亲培训、健康婴儿诊所等也是如此。目前在全国迅速普及的开明管理哲学也是如此，它必将改变整个社会，使之走向完善，因此必须被认为是革命性的。也就是说，这总结起来就是对上述文章的一个建议补充：与缓慢的整体变革同时进行的是有意识地运用经过检验的知识，影响着所有方面，在最薄弱或最容易的地方进行渗透。

　　第五个信仰是关于变革希望的。只要我们接受变革缓慢的必要性，并且对此表示完全赞成（或者如果我们有足够的智慧和洞察力，出于良好的技术原因而倾向于变革缓慢），那么当我们意识到我们作为一个人只能给社会带来微小的变化时，我们就不会感到失望和灰心，不会失去自尊，不会感到无望和无力。如果我们对情况有足够的了解，我们就可以为一个人能够做出的改变感到相当自豪，因为如果上述一切是真的，单一的个人在其中的表现就是最主要的。也就是说，一个人做的事情不可能超过一个人的能力，或者最好这样说：一个人所能做的不会超过一个人的能力。这会使这个单一的个人意识到，在强大的使人无所作为的社会力量面前，自己的力量和自己感受到的力量一样强大（但不会比这更强大），而不会软弱和无助，不会在压倒性的强大社会力量面前感到完全的软弱、无用和无助，完全受人操纵，成为傀儡。

　　这是我认为的真正的危险，特别是在我们十几岁和二三十岁的年轻人身上，他们在面对原子弹、巨大的国际会议以及冷战等类似事情时，感到无能为力。于是，他们很容易转向真正自私的私人生活，也就是雷斯曼（Reisman）所说的"隐遁主义"，只是简单地为自己自私地从生活中获得最好的东西，而不太考虑其他人，在他们都被杀死或世界末日到来之前尽可能地享受更多的乐趣。科林·威尔森（Colin Wilson）谈到了在成为英雄或虫子之间的选择，很多人选择了虫子身份。他们有一种无望感，对一个人的能力缺乏重视，有一种青少年时理想的幻灭感，因为整个世界并没有因为一条新法律的通过而改变，或者人们得到两辆车而不是一辆车，或者投票权给了妇女，或者工会得到了组织的权力，或者当工会有权发展工会组织时，有参议员的直接选举，或者有分级所得税，等等。正是这种幻灭感常常使社会改革者、空想社会改良者以及一般心存善意的人失去信心，以至于随着年龄的增长，他们变得疲惫、无望和忧郁，进入私人主义而不再关心社会改善。

相反，我们必须学会作为一个民族，在我们参与的某一特定的小改革或改进发生时（即当我们的团队获胜时），感到自豪、兴奋，有一种强烈的自尊感和成就感。例如，如果我们设法选出一个更好的代表进入州议会当地图书馆委员会、学校董事会，或如果有更多的钱分配给图书馆，设法为当地高中推荐更优秀的教师，诸如此类的其他善举，我们都会感到有所成就。

第六个信仰是认识到必须全身心投入某个特定的或局部任务中，而不是高要求的广泛任务上的必要性。在复杂的世界性问题面前，一个人根本做不了什么。例如，我可以以我在广播中听到的内容为例。一个年轻人，他被派往了墨西哥的教友会

（American Friends Service Committee）。他在那里工作了多年，仅仅是挖深井，为的是将纯净水引到墨西哥的村庄，取代他们正在使用的受污染的水。他设法挖了 3 口井，每挖一口井，他都花大量的时间教村民要饮用纯净水而不要饮用受污染的水。这意味着要进行各种教育，在某些情况下还意味着要修建道路和公路。我可以使用的一个非常好的例子是，这个年轻人花了整整一年的时间来修理一台属于墨西哥政府的状况非常糟糕的钻井机，他最终想办法使这台钻井机恢复正常，并挖掘出了很多水井。当他阅读称赞他干了一件大好事的报纸时，他一定会感到惊奇，但关键在于，他的行动是绝对必要的。

完成在这一水平上的所有各种工作，是在世界其他更高层次的工作之前的先决条件。在美国，我们可以从事更高层次水平的工作，比如创办大学。但在墨西哥，更不用说在刚果这样的地方，在我们开始考虑创办大学和高中之前，必须完成各种先决条件，例如修路、挖井、建医院，以及简单地拥有一个良好的公务员队伍，等等。任何想要改善世界的人，花一年时间在墨西哥摆弄一台钻井机，与在一个更先进的社会从事更高水平工作一样，都是在改善世界。认为这种工作是浪费时间或无望的强烈倾向，在某种程度上被对上述信仰条款的充分认识克服，也就是说，在社会改善中分步骤循序渐进地进行是绝对必要的。这样一来，一个人在一个落后的国家修筑一条山区小路，与一个人在另一个国家完成一件更高水平的工作，同样彰显了爱国精神。我想，充分认识到在低层次需求得到满足之前，不可能发生高层次的需求，这是一个绝对的前提条件，至少对聪明和有见识的人来说是如此。这样，他们就能把精力倾注在任何级别的社会改善任务上，无论水平高低。

将其应用于企业环境也是如此，也就是说，在一个特定的工厂能够从低层次需求的激励水平或专制水平过渡到较高层次需求水平或民主、开明的管理水平之前，许多小步骤、小规模的委员会会议、微不足道的谈话是必要的，而且每一个小步骤都是在完成一项伟大的工作。或者说，任何像改善美国企业这样的大工作，都会转化为数以百万计的小工作。除了所有这些小工作的总和，并没有什么伟大的工作。还有一点最好也强调一下，总有些坐在那里等待一些巨大的事业，等待一些值得他们去做的事情，等待一些能引起他们热情的伟大的爱国运动的年轻人。他们愿意为国家献身，但不愿意为国家洗碗，也不愿意操作油印机。在这里，教学工作的一部分就是要教给学生，像爱国主义、民主和社会进步等这些听起来很高尚、很响亮的词，可以转化为每小时、每一天的工作，这些工作是达到目的的手段。这里要做的是，在确保所有的手段都朝着正确的方向发展之后，要非常敏锐地意识到所有工作的目标或目的。这一点在战争期间得到了体现，人们愿意挖地洞，愿意铆接钢板，愿意去做诸如削土豆皮、拖地板等最枯燥乏味的工作，这都充满了爱国情怀。那时的人们完全明白，所有这些小任务加在一起才是一项伟大的任务。原则上，在和平时期也可以这样做。

社会改良的整体理论的第七个信仰是，没有哪一个人可以无所不能地做所有的事情。我们必须永远放弃神、救世主，或者一些伟大的领导人的概念。在完成社会改良的全部工作中，没有哪一个人能够掌握一切，能够立刻出现在所有岗位上，以完成全部的工作。领导者能做的最好的事情就是把所有的专家和理论家结合在一起，协调成一个良好的组织。

这可以引出第八条信仰，即在改变社会的任务中必须有各自的分工，也就是说，必须有许多人和许多种人去做这项工作。而这又意味着这些人中的每一个人都和其他任何一个人一样都是必要之人。每一种性格、每一种技能、每一种天赋都可以被利用，也必须被利用，事实上这是全面社会变革的先决条件。化学家必须尊重社会学家，因为他们都是必要之才。司机、垃圾收集者、文员、机器操作员和打字员以及天知道还有从事什么职位的人，每个人都是他们中的一员，都是必要之人。这意味着，任何一个人都可以体面地完成自己的任务。这并不是说人们被划分为领导者和追随者。在理想的社会变革中，每个人都清楚地知道目标是什么，并为这个目标尽自己最大的努力，做出自己最大的贡献。因此，他和其他任何人一样都是"将军"。在理想的社会变革中，每个人都是一名"将军"。由于需要各种技能，因此任何人都可以做任何需要做的事情，并为此感到高兴。

那么，第九个信仰就容易理解了，即每个人应该是健康的自私。这就是说，根据理论，由于每一种性格、每一种人都是有用的，而且也确实被需要，因为他可以做其他种类性格的人所不能做的事情，因此，他能够做出独一无二的贡献，也是他最大的贡献。他必须审视自己的内心，充分了解自己的才能和能力，然后将自己的独特才能服务于社会——他在这方面可以比世界上的任何人做得都要好。这种健康的自私是一件美妙的事情，因为它允许我们同时具有利他主义和利己主义的特点。换一种说法，自私是我们最终在社会改善中所能做的最无私的事情（如果这两个词定义十分严谨的话）。此外，如果有人问及利他主义的最佳方式或帮助社会的最佳方式时，那么答案必须是，首先要找出你能做的最优秀、最擅长的事，然后将其实现。既然我们最擅长的事情是自我实现、自我发挥、生产快乐、制造幸福，那么这里就会出现一个很好的例子——在 B-心理学或协同上超越了自私和利他之间的对立。这使我们能够准确地做我们想做的事，这也是我们能做的最好的事，这将给我们带来最大的乐趣和快乐，这对社会是最有利的事情，这将允许我们感到有德行，允许我们有乐趣，允许我们履行我们的职责——所有这些恰恰是在同一时间一起发生的。

这还能引出第十个信仰，即关于亲情和友情。如果我们真正理解了上述内容，那么我们也必须理解，我们都是同一个军队的入伍者，都是同一个俱乐部或同一个团队的成员，我们有着相同的目标，因此，我们不仅要感激我们自己所能给予的，还要感激别人所给予的，他们能比我们给予得更好。也就是说，我们应该感谢他人与自己有差异的事实。这是基于这样的原则：如果没有足够的运动型体质者，那么像我这样的瘦弱体型者就必须做运动型体质者的工作。但由于我做不了适合运动型体质者的工作，而且无论如何我也不喜欢这类工作，对我来说，完成这些工作是一种痛苦，但对那些天生的运动型体质者而言，这却是一项能带来巨大快乐的工作。因此，如果我有任何理智，应该为这个世界上有运动型体质者的事实感到非常快乐，我应该非常感谢他们，因为他们天生适合做那些我不喜欢做但又绝对必要的工作。如果我深深地体会到这一点，那么我就会喜欢运动型体质者，这与真正深刻理解男人和女人能够彼此相爱是同样的道理。每个男人都应该深深地感谢世界上有女人这种生物，而每个明智的女人都应该深深地感谢世界上有男人这种生物。

所以，律师也应该感谢世界上有医生，医生也应该感谢世界上有机械师，等等。如果这样推理下去，我们甚至会对世界上的白痴心存感激（并因此产生感情），这些人愿意做收集垃圾、干脏活、从事机械乏味的工作等，而且这些工作是绝对必须完成的，但我们大多数人却对其嗤之以鼻。当然，在这种友情的背景下，对抗和竞争的概念必须被完全重新定义。

我们也许会认为有一群人比世界上任何其他群体都更友爱——那就是科学家。当然，他们的法律、规则和行为方式对其他人而言是榜样。科学从根本上来说是劳动分工，是友情和亲情。但即使在这里，对上述情况的仔细分析也会表明，科学家的友情、分工和亲情其实还不如它应该达到的那样好。要想真正理解这个信仰，就要抛弃对抗和竞争、相互排斥、尊重和蔑视这样的想法，例如，一些物理学家认为生物学不是真正的科学，因此对生物学不屑一顾，或者一些社会学家认为工程师只是还在玩儿玩具的小男孩，并没有真正从事世界上重要的工作——这些想法应该在对上述信仰的真正理解时逐渐消失。当然，所有这些都需要对协同作用的定义以及对导致协同作用的对分超越进行广泛理解。

也许还可以从上面引述出第十一条信仰，可能它只是上述内容的延伸，即每个人必须自己挑选工作，也就是说，必须是自愿工作。之所以如此，是因为每个人都必须了解自己的身份，发现自己的天赋、能力、技能、价值观、责任等。当然，每个人也都可以得到指导工作者、人事工作者和临床心理学家等的帮助，他们可以通过测试向他传递关于他本人的信息，或者向他传递关于社会需要什么职业的信息等。然而最后的决定权还是在当事人自己手中，也许在紧急情况之下除外。

作为整个变革或社会改良理论的一部分，必须提到的第十二个信仰是自我发展、自我实现、自我约束和努力工作，在一个人的才能、才干和天赋最大限度发展的过程中，是完全必要的。因为许多年轻人对普遍存在的成长和自我实现的心理学做出了扭曲的解释。更加依赖、更加放纵、更加口无遮拦、更加被动的人正在把这种自我实现的哲学解释为"等待灵感"，等待某些事情发生，等待某些东西抓住他们，等待某些高峰经验自动地、不费吹灰之力地告诉他们什么是他们的命运以及他们应该做什么。其中那些自我放纵的人认为，自我实现应该意味着能使人感到愉快的任何事情。

现在，虽然这种说法在理论上是正确的，但它并不永远正确。培养一个人的能力可能是艰苦的工作，其本身可能是令人厌恶的（即使它可能同时被那些理解为通过对特定命运的承诺向自我实现的最终目标迈出必要一步的人喜欢）。年轻人的这种态度在某种程度上与他们的父母和长辈的态度相似，即不干涉别人，让他们随波逐流，等待他们自己做出决定，或找到自我，等等。现在，虽然这种情况毫无疑问地发生了，虽然这种制度毫无疑问地对一些人很有效，特别是那些才华横溢、干劲冲天、愿望强烈和具有强烈献身精神的人，但它对更被动的人，对态度消极、思想认知糊涂的人，特别是对那些年龄尚幼的儿童，几乎是没有效果的。

必须抵制这种等待事情发生而不是创造奇迹发生的哲学，抵制在这段等待期间游手好闲，而不是将人才视为需要教导、锻炼、排练、训练、努力工作的哲学，等等。这意味着要比我们现在拥有的更多关于纪律的积极影响和放纵的负面影响、挫折的正面影响、困难的正面影响、挑战的正面影响等进行更深入的研究。此外，它还需要从理论和经验上仔细研究。在我的研究中，自我实现的人都是努力工作的人，都是专心致志的人，他们把自己倾注于自己的职业、职责或他们所认同的工作中。当然，所有这些都意味着在家长教育和家长行为方面要有相当大的改进。要打击目前以儿童为中心的浪潮，这种浪潮被解释为只要孩子想要，那么就给他一切，害怕因为说"不"

而伤害他，让他感到沮丧，会延迟孩子感到满足［参见理查德·戈登（Richard Gordon）等人的著作《分层陷阱》（*The Split*）中的一些非常好的例子，特别是关于郊区儿童的章节］。

第十三个信仰也是最后一个，是所有其他信仰所必需的，也是所有其他信仰所隐含的，即美国式的变革或社会改良与传统式的变革不同，它不是永恒的、固定的、最终的，而是开放的、实验性的，甚至在采用科学方法上也是低调的。由于没有掌握全部信息，由于知识在不断增加，特别是由于与我们需要知道的东西相比，我们对社会事物的了解是如此之少，任何过早的确定性，任何过度的自信，在这个领域不仅是不合适的，而且是反科学的。科学的所有规则，特别是一个初始科学的规则，都是这个社会变革的一般理论所要求的。

在这方面，约翰·杜威（John Dewey）是值得钦佩的英雄，而不是过去那些火热、血腥、带来战争的革命者。我们需要的科学态度是，而且必须是，非常普遍和非常深刻的：每一个建议的改进都应该被认为是一种假设或实验，要进行测试和确认，它可能会被证明是不真实的、错误的或不明智的，甚至更普遍的是，期望即使它可能很有效，但它会带来各种新的和不可预见的问题。

因此，我们也许可以用社会富裕的例子来说明。人类在几个世纪以来，一直在追求社会富裕，并期望它不仅可以为人类带来快速发展的可能性，也可以带来唾手可得的幸福。这种富裕带来了各种美德、优势和进步，但也带来了各种完全意想不到的问题、坏的结果和陷阱。这种实验性的态度可以而且应该以另一种非常明确的方式进行。例如，如果我们根据现有的所有证据相信，为了整个社会的目标，对算术教学风格进行某种特定的改变是可取的，那么就可以通过各种方式建立这种改变。一种变革方式是相信自己得到了某种神圣的灵感，对整个事业绝对肯定和有把握，自信地预测它将完美地发挥作用，蔑视和轻视并攻击那些持怀疑态度或不同意见的人，等等。另一种方法是假设存在变革起作用的可能性，但也存在变革不起作用的偶然性，而且无论如何，成功必须得到证实。那么，整个事情就可以事先被设定为一个实验，例如，可以设立对照组，这样我们就可以知道是否有真正的效果，进行前后测试，仔细注意在这种情况下可能的最佳实验设计，等等。此外，没有理由不同时进行五六项实验，如果有两个、三个或四个同样合理的改进的可能性，为什么不同时尝试它们呢？在旧的体系下，作为真正的信徒，一劳永逸地完全改变所有真正的、唯一的、永恒的信仰，这种实验当然是不可能的〔要了解那种老式革命者或改变信仰者的特征，请参看埃里克·霍弗（Eric Hoffer）的著作《狂热分子》（*The True Believer*）〕。

最后这条信仰所隐含的一项任务是重新定义确定性的概念。应该列出各种词典对这个词的解释，然后仔细地进行区分。必须放弃对数学意义上或老式宗教意义上的绝对确定性的追求。唯一的问题是，一旦放弃了这种超自然的确定性，许多人就倾向于完全放弃所有的确定性概念，他们会去追求一种完全的相对性，这是不必要的。看看科学家是如何的自信，但对某项结论可能存在的问题保持非常清晰的认识吧。在经验证据积累的基础上得出结论，就有了"科学的确定性"，尽管不是"永恒的和完美的数学的确定性"。这两者是不同的，应该加以区分。

当然，由于在社会改良中使用杜威式的实验方法，科学的理论、哲学和方法也必须进行许多其他的改变。例如，必须非常仔细地解决进行观察的所有问题。必须放弃把科学与实验室实验等同起来的看法。观察者的看法会影响其观察，故必须非常仔细地加以澄清。道尔顿在他的《管理者》（*Men Who Manage*）一书中的研究可以作为一个案例［特别是在他为菲利普·哈蒙德（Phillip Hammond）所编的《研究编年史》（*Chronicles of Research*）一书新撰写的章节"研究思路与方法"的基础上］。

这种研究需要在社会生活的几十个不同领域重复进行。必须永久放弃科学客观性和价值观分离的不可能性，以及所有伪科学的问题。这也需要拥有更多的事实和更多的哲理。最后，这个信仰的重要性之一，是更加强调社会变革的缓慢性，甚至是必要的缓慢性。我们必须有科学家的耐心，在得出结论之前等待论据的出现。

# 第三十九章

## 开明管理政策的重要性

人们在不断成长，要么是在实际的人格健康方面，要么是他们的愿望方面，特别是在美国那些妇女和其他地位低下的群体。人们越是成长，专制管理的效果就越差，人们在专制情况下发挥的作用就越差，而且会越讨厌它。部分原因是，当人们在快乐和不快乐之间做出选择时，如果他们以前经历过这两者，他们实际上总是会选择快乐。这意味着，经历过自由的人永远不可能真正满足于奴隶制，尽管他们在经历自由之前没有对奴隶制提出过抗议。所有的快乐都是如此，那些第一次体会到尊严和自尊的人，永远不会再次为奴，尽管他们在受到尊严对待之前没有提出过抗议。

善待人们会使他们在受到恶劣对待时感到不舒服。也就是说，他们变得更不满足，不愿意接受较低的生活条件。一般来说，社会发展得越好，政治越好，教育越好……人们就越不适合 X 理论的管理、专制政治、黑帮统治或监狱式的学院，他们越来越需要并会要求优心管理、提供成长机会的教育，等等。为此，他们会努力工作，对于专制的等级管理制度，他们不会用心工作，而且会难对付和充满敌意。这种反抗会以各种实际的方式表现出来，也就是通过影响生产、质量、对管理者的认同等方面表现出来。

# 提供良好的条件会使人难以适应恶劣的条件

就美国的竞争形势而言，考虑到这个社会的人格发展水平，这一切意味着，优心管理或开明管理已经开始成为一个竞争因素。也就是说，旧式管理正在逐渐过时，它使企业在与同行业的其他企业的竞争中处于越来越不利的地位，这些企业在开明的管理下，会生产出更好的产品、更好的服务，等等。这意味着旧式管理应该很快就会被淘汰，甚至从会计的角度、企业的角度、竞争的角度，也是如此。这就像任何企业都会因为陈旧的机器而变得过时，并在竞争中处于不利地位一样。

对于过时的人来说也是如此。人们越是进化，心理的发展越充分，心理上越是健康——企业为了在竞争中生存，开明管理政策就越有必要，这对实行专制政策的企业就越不利。对于其他所有类似的情境也是如此，例如，我们的学校办得越好，开明管理的经济优势就越大。宗教机构越开明，也就是说，它们越自由，以开明方式经营的企业就越有竞争优势，等等。

这就是为什么我对优心管理政策的未来如此乐观，为什么我认为它是未来的浪潮。一般的政治、社会和经济条件有可能不会有任何根本性的改变；也就是说，我认为我们正处于军事政治类的僵局之中。因此，我预计，目前宗教和工业、政治、教育等方面的增长速度和增长方向将以同样的方式继续下去。如果说有什么变化的话，倾向于优心管理的趋势应该会增加，因为这种趋势是朝着更多而不是更少的国际主义发展的，这反过来会迫使我们的社会和其他社会发生各种其他促进增长的变化。自动化的发展可能也是如此，尽管这也会带来各种巨大的过渡性问题。对于我们转向和平经济的可能性也是如此，它将大大减轻对国防和军事开支的压力。我认为，这种趋势也将有利于开明管理或民主管理胜过专制或旧式管理。

看起来，最终可能需要在第九位副总裁的领导下（在德鲁克提到的八位副总裁之外），协调被我们称为优心趋势、促进发展、提高企业所有员工包括管理人员的人格水平。的确，这可以包括，而且可能已经包括在德鲁克所讲的第七部门"工人态度和绩效"，以及第六部门"管理绩效和发展"的开明计划中了。我不知道这第九个部门在今天看来是否有必要，但也许有一天其经理职位会成为专业化的、需要受过专门培训才能胜任的职位——其经理既不同于德鲁克所讲的第六部门的经理，也不同于德鲁克的第七部门经理。例如，广泛的哲学、心理学、心理治疗和教育培训肯定会在这第九个部门中得到很大的体现。

这第九个部门可能很快就会变得特别重要，并可能因为冷战的需要而被催促采取行动。从现在的情况看，似乎已经出现了军事上的僵局，物理、化学和生物武器的作用也陷入了僵局。除了防止战争的公开爆发，这些武器在冷战中已经完全没有用处。冷战的胜负或结果将取决于苏联和美国所能培养出的人才。由于现在的冷战实际上是由在中立国面前的各种政治、社会、教育和个人策略构成的，也就是说，各种非军事的东西就会起作用，其中之一是种族歧视，在这一点上，现在苏联对美国拥有强大的优势，特别是在非洲国家面前。

但是，以上情况最终可能会出现一种人，一种由两种文化培养出来的普通公民。随着国际旅行越来越容易，这种人变得越来越重要。现在那些游客、来访的商人、来访的科学家和文化交流者，会给人留下成功者的印象，而且地位越来越重要。如果美国人能够培养出比苏联人更优秀的人，那么美国最终会取得成功，美国人将更受人爱戴，更受人尊敬，更受人信任，等等。如果是这样的话，那么在企业中树立促进增长的倾向就会成为一个重要的国家政策问题，相当于制订发展原子弹之类武器的计划。如果我们在这方面投入的资金与我们在制造原子弹上投入的资金，以及现在在导弹和太空计划上投入的资金一样，我们会在政治上被人唾骂。也许还应该把在每个企业中设立负责心理事务的第九副总裁职位作为一项国家政策——部分是为公共服务，部分是应政府、国务院等的要求。

（这仍然是另一个在理论上和实践上增加相互关系的例子，加上任何行业和整个社会的协同作用和共生关系的增加。此外，这种事情保证了这种共生关系会逐年增加而不是减少，政府和产业之间的联系会更多而不是减少。任何行业都代表整个社会，任何行业也都有在民主社会中造就好公民或坏公民的功能）

产品的质量除具有国际的、冷战方面的重要意义外，也具有个人的、本地的和国家方面的重要意义。这是一种实用的日常考虑，这一点已经非常清楚，尽管美国并不像其他国家那样意识到了这一点。世界上大多数国家的刻板印象是，与来自其他国家的钢笔相比，美国钢笔更有可能是一支质量好的、书写更流畅、使用起来更方便的钢笔。而近来有一个例子，就是日本政府和其工业界之间有意识地合作，刻意向更高质量的产品转移。第二次世界大战前对日本产品的刻板印象是，它们是伪劣和廉价或低质量的仿制品。但现在，我们对日本产品的看法已经和过去我们对德国产品的看法差不多了，那就是质量非常高，做工非常好。在某种程度上，各国地位都是以其生产的汽车或照相机的质量来判断的。有人告诉我，德国产品的质量已经下降了。如果是这样的话，那么联邦德国在整个世界眼中的地位就会下降。它将以一种无意识的方式被视为地位不如从前了，因为它的产品质量变差了。当然，由于每个联邦德国人都倾向于认同自己的国家并倾向于融入其中，这意味着每个公民的自尊心的损失，就像日本质量的提高并受到普遍尊重使每个日本公民的自尊心得到提高一样。一般情况下，对美国来说也是如此。

# 参考资料 ✓

1932

1. (With Harry Harlow and Harold Uehling) Delayed reaction tests on primates from the lemur to the Orangoutan. *Jour. Comparative Psychol.*, 13:313–43.

2. (With Harry Harlow) Delayed reaction tests on primates at Bronx Park Zoo. *Jour. Comparative Psychol.*, 14:97–107.

3. The "emotion"of disgust in dogs. *Jour. Comparative Psychol.*, 14:401–07.

1933

4. Food preferences of primates. *Jour. of Comparative Psychol.*, 16:187–97.

1934

5. ( With Elizabeth Groshong )Influence of differential motivation on delayed reactions in monkeys, *Jour. Comparative Psychol.*, 18:75–83.

6. The effect of varying external conditions on learning, retention and reproduction. *Jour. Experimental Psychol.*, 17:38–47.

7. The effect of varying time intervals between acts of learning with a note on proactive inhibition. *Jour. Experimental Psychol.*, 17:141–44.

1935

8. Appetites and hungers in animal motivation. *Jour. Comparative Psychol.*, 20:75-83.

9. Individual psychology and the social behavior of monkeys and apes. Int. *Jour. of Individ. Psychol.*, 1:47-59. Reprinted in German translation in *Internationale Zeitachrift für Individual Psychologie*, 1936, I, 14-25.


1936

10. The role of dominance in the social and sexual behavior of infra-human primates. I. Observations at Vilas Park Zoo. *Jour. Genetic Psychol.*, 48:261-277.

11. ( With Sydney Flanzbaum ) II. An experimental determination of the dominance behavior syndrome. *Jour. Genetic Psychol.*, 48:278-309. Reprinted in W. Dennis ( Ed. ), *Readings in General Psychology* ( Englewood Cliffs, NJ: PrenticeHall, 1949 ).

12. III. A theory of sexual behavior of infra-human primates. *Jour. Genetic Psychol.*, 48:310-38.

13. IV. The determination of hierarchy in pairs and in groups. *Jour. Genetic Psychol.*, 49:161-98.


1937

14. The comparative approach to social behavior. *Social Forces*, 15:487-90.

15. The influence of familiarization on preferences. *Jour. Experimental*

*Psychol.,* 21:162–80.

16. Dominance-feeling, behavior and status. *Psychological Review*, 44:404–29.

17. Personality and patterns of culture. In Stagner, Ross, *Psychology of Personality* ( New York: McGraw-Hill, 1937 ). Reprinted in S. Britt ( Ed. ), *Selected Readings in Social Psychology* ( New York: Rinehart, 1950 ).

18. ( With Walter Grether ) An experimental study of insight in monkeys. *Jour. Comparative Psychol.,* 24:127–34.


1938

18a. *Cases in Personality and Abnormal Psychology* ( New York: Brooklyn College Press, 1938 ).


1939

19. Dominance-feeling, personality and social behavior in women. *Jour. Social Psychol.,* 10:3–39.


1940

20. Dominance-quality and social behavior in infra-human primates. *Jour. Social Psychol.,* 11:313–24.

21. A test for dominance-feeling ( self-esteem ) in college women. *Jour. Social Psychol.,* 12:255–70.

1941

22. ( With Bela Mittelmann )*Principles of Abnormal Psychology: The Dynamics of Psychic Illness.* (New York:Harper and Brothers, 1941). Recorded as Talking Book for the Blind.

23. Deprivation, threat and frustration. *Psychol. Review,* 48:364–66. Reprinted in T. Newcomb and E. Hartley ( Eds. ), *Readings in Social Psychology* ( New York: Holt, Rinehart & Winston, 1947 ). Reprinted in Marx, M., *Psycho logical Theory: Contemporary Readings* ( New York: Macmillan, 1951 ). Reprinted in C. Stacey & M. DeMartino ( Eds. ). *Understanding Human Motivation* ( Cleveland: Howard Allen Publishers, 1958 ).

1942

24. Liberal leadership and personality. *Freedom,* 2:27–30.

25. The Social Personality Inventory: *A Test for Self-Esteem in Women* ( with manual ). ( Palo Alto, Calif. : Consulting Psychologists Press, 1942 ).

26. The dynamics of psychological security—insecurity. Character and Personality, 10:331–44.

27. A comparative approach to the problem of destructiveness. *Psychiatry, 5* 517–22.

28. Self-esteem ( dominance-feeling )and sexuality in women. *Jour. Social Psychol. 16* 259–94. Reprinted in M. DeMartino ( Ed. ),

*Sexual Behavior & Personality Characteristics* ( New York: Citadel Press, 1963 ).

1943

29. A preface to motivation theory. *Psychosomatic Medicine*, *5*, 85–92.

30. A theory of human motivation. *Psychological Review, 50*, 370–96. Reprinted in P. Harriman (Ed.), *Twentieth Century Psychology* (New York: Philosophical Library, 1946). Reprinted in H. Remmers et al. (Eds.), *Growth, Teaching and Learning* (New York: Harpers, 1957). Reprinted in C. Stacey & M. DeMartino (Eds.), *Understanding Human Motivation* (Cleveland: Howard Allen Publishers, 1958). Reprinted in W. Lazer & E. Kelley (Eds.), *Managerial Marketing* (Homewood, Ill.: Richard D. Irwin, Inc., 1958). Reprinted in W. Baller (Ed.), *Readings in Psychology of Human Growth and Development* (New York: Holt, Rinehart & Winston, 1962). Reprinted in J. Seidman (Ed.), *The Child* (New York: Holt, Rinehart & Winston, 1958). Reprinted in L. Gorlow & W. Katkowsky (Eds.), *Readings in the Psychology of Adjustment* (New York:McGraw—Hill Book Co., Inc., 1959). Reprinted in R. Sutermeister (Ed.), *People and Productivity* (New York: McGraw—Hill Book Co., Inc., 1963). Reprinted in J. A. Dyal (Ed.), *Readings in Psychology: Understanding Human Behavior* (New York: McGraw—Hill Book Co., Inc., 1962). Reprinted in H. J. Leavitt & L. R. Pondy (Eds.), *Readings in Managerial Psychology* (Chicago: University of

Chicago Press, 1964). Reprinted in J. Reykowski (Ed.), *Problemy Osobowsci I Motywacji W Psychologii Amerykanskiej* (Warsaw: Panstwowe Wyndawnictwo Naukowe, 1964). Reprinted in T. Costello & S. Zalkind (Eds.), *Psychology in Administration: A Research Orientation* (Englewood Cliffs, N. J. : Prentice-Hall, 1963). Reprinted in P. Hountras (Ed.), *Mental Hygiene: A Test of Readings* (Columbus, Ohio: Charles E. Merrill Co., 1961). Reprinted in I. Heckman & S. Huneryager (Eds.), *Human Relations in Management* (Cincinnati, Ohio: SouthWestern Publishing Co., 1960).

31. Conflict, frustration and the theory of threat. *Jour. of Abnormal and Social Psychology, 38*, 81–86. Reprinted in S. Tomkins (Ed.), *Contemporary Psychopathology: A Sourcebook* (Cambridge, Mass. : Harvard University Press, 1943).

32. The dynamics of personality organization I. & II., *Psychological Review, 50*, 514–39, 541–58.

33. The authoritarian character structure. *Jour. of Social Psychol., 18*, 401–11. Reprinted in P. Harriman (Ed.), *Twentieth Century Psychology: Recent Developments in Psychology* (New York: Philosophical Library, 1946).

1944

34. What intelligence tests mean. *Jour. of General Psych.,* 31:85–93.

1945

35. (With Birsh, E., Stein, M., and Honigman, I.) A clinically derived test for measuring psychological security-insecurity. *Jour. of General Psychology*, 33:21–41.

36. A suggested improvement in semantic usage. Psychological Review, 52:239–40. Reprinted in Etc., *A Journal of General Semantics*, 1947, *4*, 219–20.

37. Experimentalizing the clinical method. *Jour. of Clinical Psychology*, 1:241–43.


1946

38. (With I. Szilagyi-Kessler.) Security and breast-feeding. *Jour. of Abnormal and Social Psychology*, 41:83–85.

39. Problem-centering vs. Means-centering in science. *Philosophy of Science*, 13:326–31.


1947

40. A symbol for holistic thinking. *Persona*, 1:24–25.


1948

41. "Higher" and "lower" needs. *Jour. of Psychology*, 25:433–36. Reprinted in C. Stacey & M. DeMartino (Eds.), *Understanding Human Motivation* (Cleveland: Howard Allen Publishers, 1958).

Reprinted in K. Schultz (Ed.), *Applied Dynamic Psychology* (Berkeley: University of California Press, 1958).

42. Cognition of the particular and of the generic. *Psychological Review*, 55:22-40.

43. Some theoretical consequences of basic need-gratification. *Jour. of Personality*, 16:402-16.


1949

44. Our maligned animal nature. *Jour. of Psychology*, 28:273-78. Reprinted in S. Koenig and others (Eds.), *Sociology: A Book of Readings* (Englewood Cliffs, N. J. : Prentice-Hall, 1953).

45. The expressive component of behavior. *Psychol. Review*, 56:261-72. Condensed in Digest of Neurology and Psychiatry, Jan., 1950. Reprinted in Howard Brand (Ed.), *The Study of Personality: A Book of Readings* (New York:John Wiley & Sons, 1954).


1950

46. Self-actualizing people: a study of psychological health. *Personality Symposia: Symposium* #1 on Values, 1950, pp. 11-34 (New York: Grune & Stratton). Reprinted in C. Moustakes (Ed.), *The Self* (New York: Harper & Row, 1956). Reprinted in G. B. Levitas (Ed.), *The World of Psychology* (New York:George Braziller, 1963). Reprinted in C. G. Kemp (Ed.), *Perspectives on the Group Process* (New York:

Houghton Mifflin Co., 1964).

1951

47. Social Theory of Motivation. In M. Shore (Ed.), *Twentieth Century Mental Hygiene* (New York: Social Science Publishers, 1950). Reprinted in K. Zerfoss (Ed.), *Readings in Counseling* (New York: Association Press, 1952).

48. (With D. MacKinnon.) Personality, in H. Helson (Ed.), *Theoretical Foundations of Psychology* (New York: D. Van Nostrand Co., 1951).

49. Higher needs and personality, *Dialectica* (University of Liege, 1951), 5, 257–65.

50. Resistance to acculturation, *Jour. of Social Issues,* 1951, *7*, 26–29.

51. (With B. Mittelman) *Principles of Abnormal Psychology* (Rev. Ed.) (New York: Harper & Row, 1951). Recorded as Talking Book for the Blind. Chapter 16 reprinted in C. Thompson et al. (Eds.), *An Outline of Psychoanalysis* (New York: Modern Library, 1955).

52. Volunteer-error in the Kinsey study. (With J. Sakoda.)*Jour. Abnormal & Social Psychology,* 1952, *47*, 259–62. Reprinted in J. Himelhoch and S. Fava (Ed.), *Sexual Behavior in American Society* (New York: W. W. Norton Co., 1955).

53. *The S-I Test* (A measure of psychological security-insecurity.)(Palo Alto, Calif. : Consulting Psychologists Press, 1951). Reprinted in Spanish translation, Instituto de Pedagogia, Universidad de Madrid,

1961. Polish translation, 1963.

1953

54. Love in Healthy People. In A. Montagu (Ed.), *The Meaning of Love* (New York: Julian Press, 1953), pp. 57–93. Reprinted in M. DeMartino (Ed.), *Sexual Behavior & Personality Characteristics* (New York: Citadel Press, 1963).

55. College teaching ability, scholarly activity and personality. *J. Educ. Psychol.*, 1953, 47, 185–189. (With W. Zimmerman.) Reprinted in *Case Book: Education Beyond the High School, 1* (Washington, D. C. : U. S. Department of Health, Education, & Welfare, 1958).

1954

56. The instinctoid nature of basic needs. *Jour. of Personality*, 1954, 22, 326–47.

57. *Motivation and Personality* (New York: Harper & Row, 1954). (Includes papers 23, 27, 29, 30, 31, 32, 39, 41, 42, 43, 44, 45, 46, 49, 50, 54, 56, 59.)Spanish Edition, 1963, Sagitario, Barcelona.

58. "Abnormal Psychology" (National Encyclopedia.)

59. Normality, health and values, *Main Currents*, 1954, 10, 75–81.

1955

60. Deficiency motivation and growth motivation in M. R. Jones (Ed.),

*Nebraska Symposium on Motivation: 1955* (Lincoln: University of Nebraska Press, 1955). Reprinted in *General Semantics Bulletin,* 1956, Nos. 18 and 19, 33−42. Reprinted in J. Coleman *Personality Dynamics & Effective Behavior* (Chicago: Scott, Foresman & Co., 1960). Reprinted in J. A. Dyal (Ed.), *Readings in Psychology: Understanding Human Behavior* (New York: McGraw-Hill Book Co., Inc., 1962). Reprinted in R. C. Teevan and R. C. Birney (Eds.), *Theories of Motivation in Personality and Social Psychology* (New York: D. Van Nostrand, 1964).

60a. Comments on Prof. McClelland's paper in M. R. Jones (Ed.), *Nebraska Symposium on Motivation, 1955* (Lincoln: University of Nebraska Press, 1955), pp. 65−69.

60b. Comments on Prof. Olds'paper in M. R. Jones (Ed.), *Nebraska Symposium on Motivation, 1955* (Lincoln: University of Nebraska Press, 1955), pp. 143−47.


1956

61. (With N. Mintz.) Effects of esthetic surroundings: I. Initial effects of three esthetic conditions upon perceiving "energy" and "well-being" in faces. *J. Psychol.,* 1956, 41, 247−54.

62. Personality problems and personality growth in C. Moustakas (Ed.), *The Self*(New York: Harper & Row, 1956). Reprinted in J. Coleman, F. Libaw, and W. Martinson, *Success in College* (Chicago: Scott,

Foresman & Co., 1961).

63. Defense and growth. *Merrill-Palmer Quarterly,* 1956, 3, 36–47.

64. A philosophy of psychology, Main Currents, 1956, 13, 27–32. Reprinted in Etc., 1957, 14:10–22. Reprinted in J. Fairchild (Ed.), *Personal Problems and Psychological Frontiers* (New York: Sheridan House, 1957). Reprinted in Manas, 1958, 11, Nos. 17 & 18. Reprinted in S. I. Hayakawa (Ed.), *Our Language and Our World* (New York: Harper & Row, 1959). Reprinted in L. Hamalian and E. Volpe (Eds.), *Essays of Our Times: II* (New York: McGraw-Hill Book Co., 1963). Reprinted in Human Growth Institute Buzz Sheet, 1964. Reprinted in F. Severin (Ed.), *Humanistic Viewpoints in Psychology* (New York: McGraw-Hill Book Co., Inc., 1965).

1957

65. Power relationships and patterns of personal development in A. Kornhauser (Ed.), *Problems of Power in American Democracy* (Detroit: Wayne University Press, 1957).

66. (With J. Bossom.) Security of judges as a factor in impressions of warmth in others. *J. Abn. Soc. Psychol.,* 1957, *55*, 147–8.

67. Two kinds of cognition and their integration. General Semantics Bulletin, 1957, Nos. 20 & 21, 17–22. Reprinted in *New Era in Home and School,* 1958, *39*, 202–5.

1958

68. Emotional Blocks to Creativity. Journal of Individual Psychology, 1958, 14, 51–56. Reprinted in *Electro-Mechanical Design*, 1958, *2*, 66–72. Reprinted in *The Humanist*, 1958, *18*, 325–32. Reprinted in *Best Articles and Stories*, 1959, *3*, 23–35. Reprinted in S. Parnes and H. Harding (Eds.), *A Source Book for Creative Thinking* (New York: Chas. Schribner's Sons, 1962).

1959

69. Psychological data and human values in A. H. Maslow (Ed.), *New Knowledge in Human Values* (New York: Harper & Row, 1959).

70. Editor, *New Knowledge in Human Values* (New York: Harper & Row, 1959).

71. Creativity in self-actualizing people in H. H. Anderson (Ed.), *Creativity & Its Cultivation* (New York: Harper & Row, 1959). Reprinted in *ElectroMechanical Design*, 1959 (Jan. and Aug.). Reprinted in *General Semantics Bulletin*, 1959, Nos. 24 and 25, 45–50.

72. Cognition of being in the peak experiences. *J. Genetic Psychol.*, 1959, *94*, 43–66. Reprinted in Internat. *Jour. Parapsychol.*, 1960, *2*, 23-54. Reprinted in B. Stoodley (Ed.), *Society and Self: A Reader in Social Psychology* (Glencoe, Ill. : Free Press of Glencoe, 1962). Reprinted in W. Fullagar, H. Lewis and C. Cumbee (Eds.), *Readings in Educational Psychology, 2nd Edition* (New York:Thomas Y. Crowell, 1964).

73. Mental health and religion in *Religion, Science and Mental Health, Academy of Religion and Mental Health* (New York: University Press, 1959).

74. Critique of self-actualization. I. Some dangers of Being-cognition, *J. Individual Psychol.*, 1959, 15, 24–32. (Kurt Goldstein number.)


1960

75. Juvenile delinquency as a value disturbance (with R. Diaz-Guerrero) in J. Peatman & E. Hartley (Eds.), *Festschriftfor Gardner Murphy* (New York: Harper & Row, 1960).

76. Remarks on existentialism and psychology. *Existentialist Inquiries,* 1960, *1*, 1–5. Reprinted in *Religious Inquiry*, 1960, No. 28, 4–7. Reprinted in Rollo May (Ed.), *Existential Psychology* (New York: Random House, 1961).

77. Resistance to being rubricized in B. Kaplan and S. Wapner (Eds.), *Perspectives in Psychological Theory* (New York: International Universities Press, 1960).

78. (With H. Rand and S. Newman.) Some parallels between the dominance and sexual behavior of monkeys and the fantasies of patients in psychotherapy. *Journal of Nervous and Mental Disease,* 1960, *131*, 202–212. Reprinted in M. DeMartino (Ed.), *Sexual Behavior and Personality Characteristics* (New York:Citadel Press, 1963).

1961

79. Health as transcendence of the environment. *Jour. Humanistic Psychology,* 1961, *1*, 1–7.

80. Peak-experiences as acute identity experiences. *Amer. Journ. Psychoanalysis,* 1961, *21*, 254–260. Reprinted in A. Combs (Ed.), *Personality Theory and Counseling Practice* (Gainesville, Fla. : University of Florida Press, 1961). *Digested in Digest of Neurology and Psychiatry,* 1961.

81. Eupsychia——The good society, *Journ. Humanistic Psychology, 1961, 1*, 1–11.

82. Are our publications and conventions suitable for the Personal Sciences?Amer. *Psychologist,* 1961, *16*, 318–19. Reprinted as *WBSI Report* No. 8, 1962. Reprinted in *General Semantics Bulletin,* 1962, Nos. 28 and 29, 92–93.

83. Comments on Skinner's attitude to science. *Daedalus,* 1961, *90*, 572–73.

84. Some frontier problems in mental health. In A. Combs (Ed.), *Personality Theory and Counseling Practice* (Gainesville, Fla. : University of Florida Press, 1961).

84a. *Notes Toward a Psychology of Being. WBSI Report* No. 7, 1961 (includes 89, 98, and Appendix I in 102).

85. Some basic propositions of a growth and self-actualization psychology. In A. Combs (Ed.), *Perceiving, Behaving, Becoming: A New Focus for Education*. 1962 Yearbook of Association for Supervision and

Curriculum Development, Washington, D. C. Reprinted in C. Stacey and M. DeMartino (Eds.), *Understanding Human Motivation,* Revised Edition (Cleveland: Howard Allen, 1963). Reprinted in G. Lindzey and C. Hall (Eds.), *Theories of Personality: Primary Sources and Research* (New York: John Wiley & Sons, 1965).

86. *Toward a Psychology of Being* (Princeton, N. J. : D. Van Nostrand Co., 1962). Includes papers 60, 62, 63, 69, 71, 72, 74, 76, 77, 79, 80, 82, 85, 93. Japanese translation, 1964, by Y. Ueda (Tokyo: Charles Turtle Co.).

87. Book review: John Schaar, *Escape from Authority. Humanist*, 1962, *22*, 34–35.

88. Lessons from the peak-experiences. Journ. Humanistic Psychology, 1962, *2*, 9–18. Reprinted as *WBSI Report* No. 6, 1962. Digested in *Digest of Neurology and Psychiatry*, 1962, p. 340.

89. Notes on Being-Psychology. *Journ. Humanistic Psychology*, 1962, 2, 47–71. Reprinted in WBSI Report No. 7, 1961. Reprinted in H. Ruitenbeek (Ed.), *Varieties of Personality Theory* (New York: E. P. Dutton, 1964).

90. Was Adler a disciple of Freud? A note. *Journ. Individual Psychology*, 1962, *18*, 125.

91. Summary Comments: Symposium on Human Values (L. Solomon, Ed.), *WBSI Report* No. 17, 1961, 41–44. Reprinted in *Journ. Humanistic Psychology*, 1962, 2, 110–11.

92. *Summer Notes on Social Psychology of Industry and Management* (Delmar, Calif. : Non-Linear Systems, Inc., 1962). Includes papers 97, 100, 101, 104.

1963

93. The need to know and the fear of knowing. *Journ. General Psychol.,* 1963, *68*, 111–25.

94. The creative attitude. *The Structurist*, 1963, No. 3, 4–10. Reprinted as a separate by *Psychosynthesis Foundation,* 1963.

95. Fusions of facts and values. *Amer. Journ. Psychoanalysis*, 1963, *23*, 117–31.

96. Criteria for judging needs to be instinctoid. *Proceedings of 1963 International Congress of Psychology* (Amsterdam: North-Holland Publishers, 1964), 86-87.

97. Further notes on Being-Psychology. *Journ. Humanistic Psychology*, 1963, 3, 120-35.

98. Notes on innocent cognition. In L. Schenk-Danzinger and H. Thomae (Eds.), Gegenwartsprobleme der Entwicklungs Psychologic: Festschrift fiir Charlotte Biihler, *Verlag fur Psychologie*, *Gottingen,* 1963. *Reprinted in Explorations*, 1964, 1, 2-8.

99. The scientific study of values. *Proceedings 7th Congress of Interamerican Society of Psychology*, Mexico, D. F., 1963.

100. Notes on unstructured groups. *Human Relations Training News*

1963, 7, 1-4.

1964

101. The superior person. Transaction, 1964, 1, 10-13.

102. Religions, Values and Peak-experiences (Columbus, Ohio: Ohio State University Press, 1964).

103. (With L. Gross.) Synergy in society and in the individual. /. Individual Psychol., 1964, 20, 153-64.

104. Further notes on the Psychology of Being, J. *Humanistic Psychology*, 1964, 4, 45-58.